Die Herausgeber

Professor Dr. Günter Ebert,

geboren 1939 in Heidelberg, lehrt an der Fachhochschule Nürtingen Betriebswirtschaftslehre und Rechnungswesen. Er ist Mitglied von Prüfungsausschüssen für Industrie-Fachwirte der IHK Mittlerer Neckar.

Diplom-Volkswirt Dieter Klause,

geboren 1938 in Breslau, ist Referent für berufliche Weiterbildung und allgemeine Erwachsenenbildung im DIHT.

Professor Dr. Eduard Mändle,

geboren 1936 in Geislingen (Steige), vertritt an der Fachhochschule Nürtingen die Fächer Volkswirtschaftslehre und Genossenschaftswesen. Er ist Mitglied eines Prüfungsausschusses für Handels-Fachwirte der IHK Mittlerer Neckar.

Der Autor

Professor Dr. Eugen Klunzinger,

geboren 1938 in Böblingen (Württ.), studierte Rechts- und Wirtschaftswissenschaften in Hamburg, München, Kiel und Tübingen und promovierte zum Dr. jur. an der Juristischen Fakultät der Universität Tübingen. 1975 wurde er zum Professor für Bürgerliches Recht, Handels-, Gesellschafts- und Arbeitsrecht, Fachbereich Betriebswirtschaft, der Fachhochschule Nürtingen (Württ.), ernannt. Zur Zeit ist er Lehrbeauftragter für Handels- und Gesellschaftsrecht am Fachbereich Wirtschaftswissenschaften der Universität Tübingen.

ISBN 978-3-409-02158-6 ISBN 978-3-663-08118-0 (eBook)
DOI 10.1007/978-3-663-08118-0

Handelsrecht

Von

Prof. Dr. Eugen Klunzinger

Inhaltsverzeichnis

Seite

A. Allgemeines

Lernziel:

Im folgenden wird kurz erläutert, was man unter „Handelsrecht" versteht und wie sich das Handelsrecht zum allgemeinen bürgerlichen Recht verhält. Außerdem werden die einzelnen Rechtsquellen des Handelsrechts genannt.

I. Wesensmerkmale des Handelsrechts

Handelsrecht ist das besondere Recht der Kaufleute. Es ist gegenüber dem allgemeinen bürgerlichen Recht das speziellere Gesetz und geht demzufolge dem Bürgerlichen Gesetzbuch vor.

Kennzeichen des Handelsrechts sind vor allem seine erhöhten Anforderungen an den Rechtsgenossen. Das kommt im Verzicht auf gewisse Schutzvorschriften des bürgerlichen Rechts zum Ausdruck.

Beispiele:

Ein Kaufmann kann im Gegensatz zum Privatmann nicht die Herabsetzung einer überhöhten Vertragsstrafe verlangen.

Ein Kaufmann ist z. B. auch nicht besonders vor unüberlegten Rechtsgeschäften geschützt: Eine Bürgschaftserklärung ist bereits mündlich wirksam; es kann auch nicht die „Einrede der Vorausklage" (Das Recht des Bürgen, die Befriedigung des Gläubigers so lange zu verweigern, als dieser nicht die Zwangsvollstreckung gegen den Schuldner ohne Erfolg versucht hat. Siehe Seite 25) geltend gemacht werden.

Wenn das Handelsrecht das speziellere Recht gegenüber dem bürgerlichen Recht darstellt, so bedeutet diese Aussage ein Zweites:

Soweit nicht die Spezialvorschriften des Handelsrechts eingreifen, kommen nach wie vor die allgemeinen Vorschriften des bürgerlichen Rechts zur Anwendung.

Mit anderen Worten: Auch im Handelsrecht gelten die Vorschriften des BGB, sie werden nur insoweit verdrängt, als das HGB besondere Vorschriften im jeweiligen Einzelfall aufstellt. Im nachfolgenden geht es darum, diese Besonderheiten zu skizzieren.

II. Rechtsquellen des Handelsrechts

Außer dem Bürgerlichen Gesetzbuch und dem Handelsgesetzbuch (HGB) kommen in Betracht

— die besonderen Gesetze für die Handelsgesellschaften: Aktiengesetz (AktG), Gesetz betreffend die Gesellschaften mit beschränkter Haftung (GmbHG), Genossenschaftsgesetz (GenG);

— die besonderen Gesetze für den kaufmännischen Zahlungsverkehr: Wechselgesetz (WG), Scheckgesetz (ScheckG);

— die besonderen Gesetze für die Lauterkeit und Funktionsfähigkeit im kaufmännischen Wettbewerb: Gesetz gegen den unlauteren Wettbewerb (UWG), Gesetz gegen Wettbewerbsbeschränkungen = Kartellgesetz (GWB).

Fragen:

1. Wie läßt sich das Handelsrecht in einer Kurzformel kennzeichnen?
2. Finden neben dem Handelsrecht auch die allgemeinen Vorschriften des BGB Anwendung?
3. Nennen Sie weitere Rechtsquellen des Handelsrechts!

B. Der Kaufmann

Lernziel:

> Der folgende Abschnitt beschäftigt sich mit der gesetzlichen Systematik der Kaufmannseigenschaft. Nach Durcharbeitung dieses Abschnittes sollten Sie die Definitionen der einzelnen Kaufleute beherrschen und sich diese an den geschilderten Beispielen klar machen.

I. Bedeutung des Kaufmannsbegriffs im Rechtssystem

Handelsrecht ist das spezielle Recht des Kaufmanns. Es kommt also immer dann zur Anwendung, wenn ein „Kaufmann" im Rechtssinne Geschäfte tätigt.

	Kaufmann (§§ 1 ff. HGB)	
BGB	——————————→	HGB
allgemeine Vorschriften		(zusätzlich) besondere Vorschriften des Handelsrechts (1. und 3. Buch des HGB)

Daher ist von zentraler Bedeutung, wann die Kaufmannseigenschaft im Sinne des Gesetzes bejaht werden kann.

Das Gesetz bringt hierzu in §§ 1 ff. HGB genaue Definitionen, wer als Kaufmann im Sinne des Gesetzes anzusehen ist und auf wen demzufolge das Handelsrecht Anwendung findet.

II. Die gesetzliche Systematik der Kaufleute

Man unterscheidet Vollkaufleute und Minderkaufleute.

Vollkaufleute sind:

— der Mußkaufmann (auch Istkaufmann genannt),
— der Sollkaufmann,
— der Kannkaufmann,
— der Formkaufmann und
— der Scheinkaufmann.

Auf Vollkaufleute finden die Vorschriften des HGB uneingeschränkt, auf Minderkaufleute nur eingeschränkt Anwendung.

1. Der Mußkaufmann

Mußkaufmann ist, wer ein „Grundhandelsgewerbe" betreibt.

Als Grundhandelsgewerbe gilt der Gewerbebetrieb, der eine der in § 1 Abs. 2 HGB bezeichneten Geschäftsarten zum Gegenstand hat. In § 1 Abs. 2 sind praktisch alle denkbaren Tätigkeiten des gewerblichen Sektors enthalten. Vor allem Ziff. 1 erfaßt den weitaus größten Teil unternehmerischer Aktivitäten: die Anschaffung und Weiterveräußerung von Sachen, gleichgültig, ob mit oder ohne eigener Be- oder Verarbeitung.

Wer also die eigene Produktion veräußert, ist ebenso Kaufmann wie derjenige, der vom Großhandel oder Hersteller bezieht und lediglich weiterveräußert.

Kaufmann ist nach § 1 Abs. 2 Ziff. 2 aber ausdrücklich auch derjenige, der nicht selbst an- und verkauft, sondern lediglich (für andere) Waren be- oder verarbeitet.

Beispiel:

Ein mittelständiger Betrieb spezialisiert sich auf die Montage zugelieferter Einzelteile für ein großes Unternehmen.

2. Der Sollkaufmann

Sollkaufmann ist gem. § 2 HGB, wer ein Unternehmen betreibt, dessen Gewerbebetrieb nicht schon nach § 1 Abs. 2 die Mußkaufmannseigenschaft aufweist, das aber „nach Art und Umfang einen in kaufmännischer Weise eingerichteten Geschäftsbetrieb erfordert".

Es kommt also auf zweierlei an:

(1) Es sind nur Betriebe erfaßt, deren Inhaber nicht bereits nach § 1 HGB Mußkaufmann ist. Da der Katalog in § 1 fast alle denkbaren wirtschaftlichen Betätigungen umfaßt, bleiben für die Sollkaufleute praktisch nur noch wenige Fälle denkbar, namentlich die sog. „Urproduktion".

Beispiel:

Ein Steinbruch. Hier wird nicht „angeschafft" sondern nur „veräußert".

(2) Weitere Voraussetzung ist, daß das betreffende Unternehmen einen in „kaufmännischer Weise eingerichteten Geschäftsbetrieb" erfordert.

Kennzeichen hierfür sind:

— Höhe des Umsatzes,
— Art der Kontenführung,
— Zahl der Beschäftigten,
— Höhe des Gewerbeertrags bzw. Gewerbekapitals.

Von den Gerichten wird das „Gesamtbild im gewöhnlichen Geschäftsablauf" zugrunde gelegt. Die Rechtsprechung stellt jeweils auf den Einzelfall ab, so daß verbindliche Zahlen hinsichtlich Umsatz, Beschäftigtenzahl oder Höhe des Gewerbeertrags usw. nicht vorliegen. Bei Bau- und Möbeltischlereien sowie Möbelhandlungen wurde ein Gesamtjahresumsatz von 136 000 DM als ausreichend angesehen. Bei Schlossereien, im Landmaschinenhandel sowie im Einzelhandel mit Haushaltsartikeln wurde ein Umsatz von 250 000 DM vorausgesetzt. Es ist dabei aber weiter zu berücksichtigen, daß auch bei diesen Zahlen der inflatorischen Geldentwicklung Rechnung getragen werden muß.

Beispiel:

> Ein Steinbruch, dessen Unternehmer eine doppelte Buchführung durchführt, der mehr als 20 Beschäftigte hat, Wechsel- und Scheckkonten führt und dergleichen, kommt als Betrieb eines Sollkaufmanns im Sinne des § 2 in Betracht.

Wer Sollkaufmann ist, muß sich in das Handelsregister eintragen lassen. Aber erst mit der Eintragung wird die Kaufmannseigenschaft erworben. Das unterscheidet den Sollkaufmann vom Mußkaufmann, der auch ohne Eintragung als Kaufmann im Rechtssinne behandelt wird, bei dem freilich ebenso die Eintragung vorgeschrieben ist und notfalls erzwungen werden kann.

3. Der Kannkaufmann

Der Kannkaufmann ergibt sich aus einer Besonderheit des land- und forstwirtschaftlichen Bereichs.

Grundsätzlich fällt nämlich die Land- und Forstwirtschaft nicht unter das Handelsrecht (vgl. § 3 Abs. 1 HGB). Ist jedoch mit dem Betrieb der Land- und Forstwirtschaft ein Unternehmen verbunden, das nur ein Nebengewerbe des land- und forstwirtschaftlichen Betriebs darstellt, so findet § 3 Abs. 2 Anwendung: Der betreffende Unternehmer ist b e r e c h t i g t , nicht jedoch verpflichtet, sich eintragen zu lassen. Er „kann" sich eintragen lassen (daher also Kannkaufmann).

Beispiel:

> Ein moderner Viehzuchtbetrieb hat zugleich eine fleischverarbeitende Produktionsstätte angegliedert. Hier kann die Eintragung in das Handelsregister erfolgen, wenn dies erwünscht ist.

4. Der Formkaufmann

Formkaufleute sind die Handelsgesellschaften (§ 6 HGB).

Hier ist gleichgültig, welches Unternehmen sie betreiben; allein schon an die Rechtsform der Handelsgesellschaften knüpft die Kaufmannseigenschaft (daher Formkaufmann). Freilich ist bei den Personengesellschaften der Gegenstand des Unternehmens stets zugleich ein Gewerbebetrieb (OHG und KG werden ja als gemeinschaftlicher Betrieb eines Handelsgewerbes definiert, vgl. §§ 105 Abs. 1, 161 HGB); bei den Kapitalgesellschaften könnte die Tätigkeit aber auch außerhalb des kaufmännischen Bereichs liegen, so zum Beispiel: „Theaterbetriebs-GmbH".

5. Der Scheinkaufmann

Hier bringt der Name zum Ausdruck, daß der „Schein" und das tatsächliche „Sein" nicht übereinstimmen.

Im kaufmännischen Bereich gilt folgendes:
— Wer im Handelsregister eingetragen ist, kann nicht geltend machen, er sei kein Vollkaufmann (§ 5 HGB), und
— wer ganz allgemein im kaufmännischen Rechtsverkehr als Kaufmann auftritt (sich „als Kaufmann geriert"), wird auch als Kaufmann behandelt.

Beispiel:

Ein kleiner Lohnhandwerker versteht es, mit kaufmännischen Manieren bei einem Darlehensgeschäft der Bank gegenüber den Eindruck zu erwekken, er unterhalte eine größere Schuhproduktion. Dann kann er sich später nicht darauf berufen, auf ihn finde das Handelsrecht ja gar nicht Anwendung.

6. Der Minderkaufmann

Minderkaufmann ist gemäß § 4 HGB, wessen Geschäftsbetrieb „nach Art oder Umfang einen in kaufmännischer Weise eingerichteten Geschäftsbetrieb n i c h t erfordert".

Es kommt also darauf an, daß entweder die Art des Gewerbebetriebs oder sein Umfang keinen kaufmännischen Geschäftsbetrieb erfordern. Das ist etwa der Fall, wenn

— Angestelltenzahl,

— Umsatzgröße,

— Konten- und Buchführung

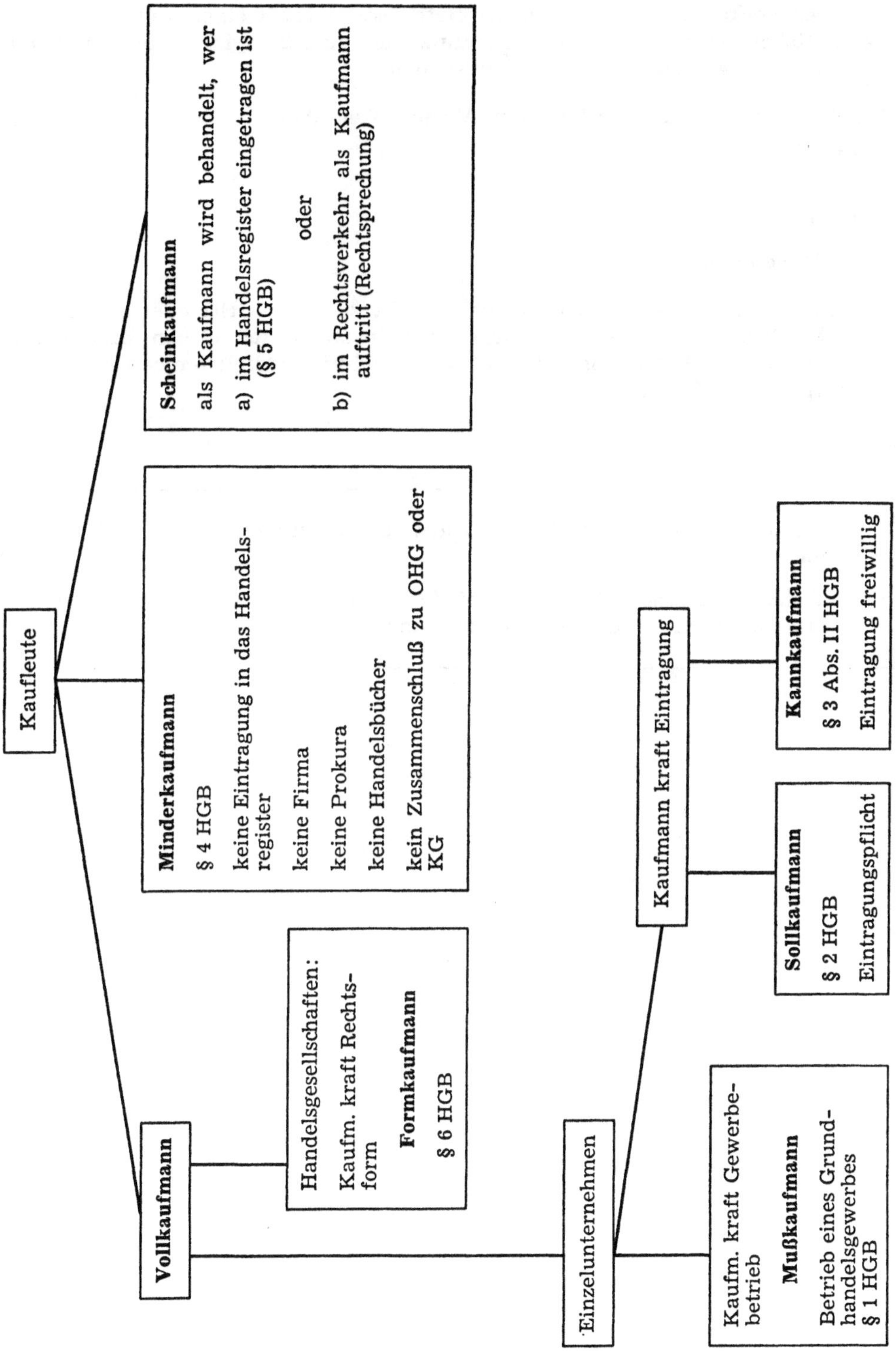
Kaufleute
Vollkaufmann
Handelsgesellschaften:
Kaufm. kraft Rechtsform
Formkaufmann
§ 6 HGB
Einzelunternehmen
Kaufm. kraft Gewerbebetrieb
Mußkaufmann
Betrieb eines Grundhandelsgewerbes
§ 1 HGB
Kaufmann kraft Eintragung
Sollkaufmann
§ 2 HGB
Eintragungspflicht
Kannkaufmann
§ 3 Abs. II HGB
Eintragung freiwillig
Minderkaufmann
§ 4 HGB
keine Eintragung in das Handelsregister
keine Firma
keine Prokura
keine Handelsbücher
kein Zusammenschluß zu OHG oder KG
Scheinkaufmann
als Kaufmann wird behandelt, wer
a) im Handelsregister eingetragen ist (§ 5 HGB)
oder
b) im Rechtsverkehr als Kaufmann auftritt (Rechtsprechung)

nach den herkömmlichen Regeln der Betriebswirtschaft einen kaufmännischen Geschäftsbetrieb nicht erfordern. Hierzu zählen zum Beispiel kleine Lohnhandwerker oder sogenannte „Tante-Emma-Läden“.

Auf diese Minderkaufleute finden die Vorschriften über

— die Firma,
— die Handelsbücher,
— die Prokura

keine Anwendung.

Außerdem können sich solche Personen nicht zu einer OHG oder KG zusammenschließen. Vielmehr entsteht durch den Zusammenschluß von Minderkaufleuten, wenn eine Personengesellschaft gewünscht ist, lediglich eine Gesellschaft des bürgerlichen Rechts.

Fragen:

4. Warum mußte das Gesetz den Begriff des Kaufmanns überhaupt definieren?
5. Welcher Unterschied besteht bei der Handelsregistereintragung eines Mußkaufmanns und eines Sollkaufmanns?

C. Das Handelsregister

Lernziel:

Der folgende Abschnitt informiert über die Funktionen des Handelsregisters, seine Gestaltung, die Art der Eintragungen und Bekanntmachungen. Sie sollten sich vor allem den Schutz des Rechtsverkehrs durch das Handelsregister klar machen, da dies in der Praxis eine große Rolle spielt.

I. Aufgaben des Handelsregisters

Das Handelsregister will die Öffentlichkeit über wichtige Rechtsverhältnisse des Kaufmannes informieren. Es schützt damit den kaufmännischen Rechtsverkehr generell und im speziellen den betreffenden Kaufmann, um dessen Eintragungen es geht. Beide können sich — innerhalb gewisser Grenzen — darauf berufen, daß Eintragungen im Handelsregister verbindlich sind (und abweichende Vorstellungen Dritter nicht berücksichtigt werden).

Beispiel:

Wenn jemand zum Prokuristen bestellt wurde und dies im Handelsregister eingetragen und bekanntgemacht wurde, dann kann sich ein Lieferant darauf verlassen, daß die Verträge mit dem Prokuristen rechtswirksam gegenüber der vertretenen Firma sind.

II. Eintragungen in das Handelsregister

1. Die Zuständigkeit

Das Handelsregister wird gem. § 8 HGB von den Amtsgerichten geführt. Zuständig ist aber nicht der Richter, sondern — von Ausnahmen abgesehen — der Rechtspfleger. Die näheren Regelungen ergeben sich nicht allein aus dem Handelsgesetzbuch (§§ 8—16 HGB), sondern auch noch aus dem „Gesetz über die freiwillige Gerichtsbarkeit (FGG), vgl. §§ 125 ff. FGG, und vor allem nach der Handelsregisterverfügung vom 12. 8. 1937.

Eingeteilt ist das Handelsregister in z w e i A b t e i l u n g e n (Abteilung A und B). Abteilung A betrifft vor allem die Eintragungen für Einzelkaufleute und die Personengesellschaften. Abteilung B enthält Eintragungen, welche die Aktiengesellschaft (einschließlich der Kommanditgesellschaft auf Aktien), Gesellschaft mit beschränkter Haftung und den Versicherungsverein auf Gegenseitigkeit betreffen (die Genossenschaft fehlt hier bewußt, da sie in das Genossenschaftsregister eingetragen wird).

2. Eintragungen und Bekanntmachungen

a) Die Eintragung

Was in das Handelsregister eingetragen werden darf bzw. eingetragen werden muß, ist an vielen Stellen des Gesetzes verstreut aufgeführt. Aus der Vielzahl eintragungsfähiger Tatsachen seien genannt:

— die Kaufmannseigenschaft,

— die Handelsfirma,

— Erteilen und Erlöschen der Prokura,

— die (erstmalige) Anmeldung von Handelsgesellschaften (ebenso wichtige Veränderungen im späteren Verlauf: Auflösung, Liquidation, Erlöschen, Änderung der Haftungsverhältnisse bei Gesellschaftern, Kapitalerhöhungen und -herabsetzungen),

— Unternehmensverträge, Verschmelzungen und Umwandlungen.

Die betreffenden Eintragungen erfolgen auf Grund einer Anmeldung in öffentlich beglaubigter Form. Dabei ist vor jeder Eintragung der Industrie- und Handelskammer Gelegenheit zur Stellungnahme zu geben.

b) Die Bekanntmachung

Eintragungen in das Handelsregister sind bekanntzumachen, um eine möglichst breite Öffentlichkeit zu erreichen. Die Bekanntmachung erfolgt gem. § 10 HGB durch Veröffentlichung im Bundesanzeiger u n d durch die Veröffentlichung in mindestens einem anderen Blatt (also etwa der örtlichen Tageszeitung).

III. Einsicht in das Handelsregister

Einsicht in das Handelsregister ist j e d e r m a n n gestattet. Dasselbe gilt für die zum Handelsregister eingereichten Schriftstücke. Es ist also nicht erforderlich, daß der Betreffende ein wie auch immer gelagertes „rechtliches" oder „berechtigtes" Interesse geltend machen muß (wie das etwa beim Grundbuch der Fall ist).

Darüber hinaus kann von den Eintragungen und den zum Handelsregister eingereichten Schriftstücken eine Abschrift gefordert werden (§ 9 Abs. 2 HGB).

IV. Schutz des Rechtsverkehrs im Hinblick auf das Handelsregister

Da sich über Eintragungen im Handelsregister jedermann ausgiebig informieren kann, muß der Eintragung und Bekanntmachung auch besondere Bedeutung zukommen. Sie läßt sich auf folgenden kurzen Nenner bringen:

(1) Solange eine Tatsache im Handelsregister nicht eingetragen und bekanntgemacht worden ist — in diesem Fall spricht man von **„negativer Publizität"** (negativ = noch nicht erfolgt) —, kann die betreffende Tatsache einem Dritten gegenüber nicht geltend gemacht werden.

(2) Ist eine Tatsache eingetragen und bekanntgemacht worden (man spricht insofern von **„positiver Publizität"**), so muß sich auch ein Dritter auf diese Eintragung verweisen lassen.

Beispiele:

> Positive Publizität: Die Prokura ist eine einzutragende Tatsache. Ist ein Prokurist im Handelsregister eingetragen, so kann sich ein Geschäftspartner auf die Vertretungsmacht des angeblichen Prokuristen verlassen, auch wenn diesem mittlerweile die Prokura entzogen wurde.
>
> Negative Publizität: Wenn jemand aus einer OHG ausscheidet, ist dies im Handelsregister einzutragen. Solange das Ausscheiden jedoch nicht eingetragen ist, kann diese (fehlende) Tatsache einem gutgläubigen Dritten nicht entgegengehalten werden. Das heißt im Klartext: Ein ausscheidender Gesellschafter einer Personengesellschaft läuft Gefahr, weiterhin für neue Verbindlichkeiten der Gesellschaft haften zu müssen.

Da ein Schutzbedürfnis nur besteht, wenn der Betroffene nicht bösgläubig ist, gelten beim Handelsregister folgende Einschränkungen:

— War eine nicht eingetragene Tatsache dem Dritten bekannt, so kann er sich nicht auf die fehlende Eintragung berufen (vgl. § 15 Abs. 1 HGB). Beispiel: Der betreffende Geschäftspartner wußte, daß dem Angestellten die Prokura entzogen war.

— Noch schärfer sind die Anforderungen bei der positiven Publizität (vgl. § 15 Abs. 2 HGB): Ist eine Tatsache eingetragen und bekanntgemacht worden, so muß ein Dritter diese gegen sich gelten lassen. Dies gilt nur nicht für solche Rechtshandlungen, die innerhalb von 15 Tagen nach der Bekanntmachung vorgenommen werden, sofern zudem der Dritte beweist, daß er die Tatsache weder kannte noch kennen mußte (also fahrlässig von ihr keine Kenntnis hatte). Da man von einem Kaufmann die Lektüre entsprechender Handelsregistereintragungen verlangt und zudem ein etwaiger Schutz ohnehin nur für 15 Tage nach Bekanntmachung in Betracht kommt, wird eine derartige Einwendung nur sehr selten Erfolg haben können.

Fragen:

> 6. In welche Abteilungen gliedert sich das Handelsregister?
> 7. Wird die Genossenschaft in das Handelsregister eingetragen?
> 8. Inwieweit ist der Rechtsverkehr durch das Handelsregister geschützt?

D. Die Handelsfirma

Lernziel:

Nach Durcharbeitung dieses Abschnittes sollten Sie sagen können, wie die Firma eines Einzelkaufmanns, der Personengesellschaft und der Kapitalgesellschaft lauten muß und dies an einzelnen Beispielen (etwa auch aus Ihrem Bereich) belegen. Darüber hinaus sollten Begriffe wie „Firmenwahrheit" und „Firmenbeständigkeit" erklärt werden können. Der Abschnitt macht auch deutlich, welche Konsequenzen die Firmenfortführung für den Übergang von Verbindlichkeiten und Forderungen bei Verkauf und Vererbung eines Unternehmens haben kann.

I. Begriff

Die Firma eines Kaufmanns ist der Name, unter dem er im Handel seine Geschäfte betreibt und die Unterschrift abgibt. Ein Kaufmann kann unter seiner Firma klagen und verklagt werden.

Man unterscheidet zwischen Sachfirma und Personenfirma. Die **Sachfirma** leitet sich aus dem Gegenstand des Unternehmens ab. Die **Personenfirma** enthält den Namen des Inhabers bzw. der Gesellschafter. Welche Firma zulässig ist, hängt von der Rechtsform des betreffenden Unternehmens ab.

Daneben ist zu unterscheiden zwischen **ursprünglicher** und **abgeleiteter Firma,** je nachdem, ob es sich um Neugründungen oder die Übernahme eines Unternehmens unter Fortführung der bisherigen Firma handelt.

II. Firma des Einzelkaufmanns

Ein Kaufmann, der sein Geschäft ohne Gesellschafter (also als Einzelkaufmann) betreibt, muß mit seinem Familiennamen und mindestens einem ausgeschriebenen Vornamen firmieren (vgl. § 18 Abs. 1 HGB).

Beispiel:

Franz Josef Maier kann als Einzelkaufmann firmieren: „Franz Maier" oder „Franz Josef Maier".

Die Firma des Einzelkaufmanns ist also streng Personenfirma. Eine Sachfirma kann der Einzelkaufmann nicht führen. Wohl ist es möglich, daß in die Firma, auch beim Einzelkaufmann, Zusätze aufgenommen werden, die zur Unterscheidung der Person oder des Geschäfts dienen (§ 18 Abs. 2 Satz 2).

Beispiele:

„Franz Maier junior“ oder: „Franz Maier Metallwarenfabrik“.

III. Firma der Personengesellschaft

Die Firma der Personengesellschaft ist durchweg Personenfirma; das bedeutet: in die Firma — genau so wie bei der Einzelfirma — dürfen grundsätzlich nur die Namen der Gesellschafter aufgenommen werden.

1. Firma der OHG

Die offene Handelsgesellschaft (OHG) ist eine Gesellschaft, deren Zweck auf den Betrieb eines Handelsgewerbes unter gemeinschaftlicher Firma gerichtet ist, wobei sämtliche Gesellschafter den Gesellschaftsgläubigern unbeschränkt haften.

Die Firma der OHG kann als Personenfirma nur wie folgt lauten: Entweder werden die Namen sämtlicher Gesellschafter aufgenommen oder nur der Name eines einzelnen Gesellschafters mit einem das Vorhandensein einer Gesellschaft andeutenden Zusatz.

Beispiel:

Wenn Franz Maier mit Josef Müller zusammen seine Metallwarenfabrik als Offene Handelsgesellschaft betreibt, dann können sie u. a. wie folgt firmieren: „Franz Maier und Josef Müller“ oder: „Franz Maier OHG“, „Josef Müller OHG“, „Franz Maier & Co.“.

Auch hier kann der zur Unterscheidung des Unternehmensgegenstandes dienende Zusatz, wie „Metallwarenfabrik“ o. ä. in die Firma mitaufgenommen werden.

2. Firma der Kommanditgesellschaft

Die Kommanditgesellschaft unterscheidet sich von der OHG dadurch, daß bei einem oder bei einigen der Gesellschafter die Haftung gegenüber den Gesellschaftsgläubigern auf den Betrag einer bestimmten Vermögenseinlage beschränkt ist (Kommanditisten), während bei dem anderen Teile der Gesellschafter eine Beschränkung der Haftung nicht stattfindet (persönlich haftende Gesellschafter: Komplementäre).

Für die KG gilt als Personengesellschaft auch der Grundsatz, daß sie nur Personenfirma sein kann, somit die Namen der Gesellschafter in der Firma erscheinen müssen. Allerdings mit einer wichtigen Einschränkung: Die Namen anderer Personen als der persönlich haftenden Gesellschafter dürfen in die Firma nicht aufgenommen werden. Die Firma darf also nicht Namen von Kommanditisten enthalten.

Beispiel:

Josef Müller ist Kommanditist, Franz Maier Komplementär. Dann kann die Firma lauten: „Franz Maier KG", nicht jedoch „Maier und Müller KG".

Wie bei der OHG, so gilt auch bei der KG, daß die Vornamen der Gesellschafter nicht genannt zu werden brauchen.

IV. Firma der Kapitalgesellschaft

Bei den Kapitalgesellschaften ist sowohl die Sachfirma als auch — mit Einschränkungen — die Personenfirma zulässig.

1. Firma der GmbH

Die Firma der GmbH kann gem. § 4 GmbHG entweder vom Gegenstand des Unternehmens her bestimmt sein oder den Namen der Gesellschafter oder den Namen wenigstens eines Gesellschafters mit einem das Vorhandensein eines Gesellschaftsverhältnisses andeutenden Zusatz enthalten.

Beispiel:

„Josef Müller GmbH", „Maier & Müller GmbH", (Personenfirmen); „Meta-Metallwarenfabrik GmbH" (Sachfirma).

2. Firma der Aktiengesellschaft

Gem. § 4 AktG ist die Firma der Aktiengesellschaft in der Regel dem Gegenstand des Unternehmens zu entnehmen und muß außerdem die Bezeichnung „Aktiengesellschaft" enthalten.

Als Beispiele sind zu nennen: „Aesculap-Werke AG", „Bayerische Motorenwerke AG". Nur ausnahmsweise führt die Aktiengesellschaft bei Neugründungen eine Personenfirma; meist handelt es sich um alte Firmen („August Thyssen-AG").

3. Firma der Genossenschaft

Nach § 3 GenG muß die Firma der Genossenschaft dem Gegenstand des Unternehmens entlehnt sein und darf nicht den Namen von Genossen oder anderen Personen enthalten. Außerdem muß die Bezeichnung „eingetragene Genossenschaft" oder die Abkürzung „eG" enthalten sein. Ein Beispiel: „Volksbank Reutlingen eG".

V. Sonderfälle

1. GmbH & Co. KG

Die Firma der GmbH & Co. KG ergibt sich aus dem Wesen dieser Gesellschaftsform: Die GmbH & Co. KG ist Kommanditgesellschaft und hat deshalb den Namen ihrer Komplementärin mit einem das Gesellschaftsverhältnis andeutenden Zusatz zu führen. Da die Komplementärin ihrerseits wieder in ihrer Eigenschaft als Kapitalgesellschaft (GmbH) sowohl Personen- als auch Sachfirma sein kann, darf die GmbH & Co. KG sowohl eine Sachbezeichnung als auch einen Personennamen, jeweils gekoppelt mit einem das Gesellschaftsverhältnis andeutenden Zusatz führen. Als Beispiele sind zu nennen: „Josef Müller GmbH & Co. KG“ „Interbau GmbH & Co. KG“.

2. Stille Gesellschaft

Die Stille Gesellschaft ist eine reine Innengesellschaft, die nach außen hin nicht in Erscheinung tritt. Die Einlage des Stillen Gesellschafters geht in das Vermögen des Empfängers (des Geschäftsinhabers) über; ein Gesellschaftsvermögen entsteht nicht.

Daraus ergeben sich firmenrechtliche Konsequenzen: Die Stille Gesellschaft als solche führt überhaupt keine Firma. Vielmehr tritt nach außen hin der Geschäftsinhaber mit seiner für ihn geltenden Firmenbezeichnung auf.

VI. Grundsatz der Firmenwahrheit

Die Firma des Kaufmanns muß der Wahrheit entsprechen. Täuschungen sind unzulässig. Deshalb verbietet § 18 Abs. 2 HGB die Beifügung von Zusätzen, welche ein Gesellschaftsverhältnis andeuten oder sonst geeignet sind, eine Täuschung über die Art oder den Umfang des Geschäftes oder die Verhältnisse des Geschäftsinhabers herbeizuführen.

Beispiele:

Ein Einzelkaufmann darf nicht den Zusatz „& Co.“ führen.

Ist von zwei Gesellschaftern einer ausgeschieden und damit die vorherige Gesellschaft in eine Einzelfirma übergegangen, so muß der Zusatz „Offene Handelsgesellschaft“ unterbleiben, da sonst der redliche Rechtsverkehr einen größeren Haftungsstock annehmen würde, als er im Ernstfall vorhanden wäre.

Über den Umfang des Geschäfts würde etwa getäuscht werden, wenn ein kleineres oder mittleres Bauunternehmen sich den Namen „Intercontinent-Bau“ zulegen würde.

Im einzelnen sind die Abgrenzungsfälle fließend. Da jedoch jede Firma zum Handelsregister anzumelden ist und dabei die Industrie- und Handelskammer mit ihrer besonderen Sachkenntnis eingeschaltet wird, ist eine gewisse Schranke gegen Manipulationen errichtet.

VII. Grundsatz der Firmenbeständigkeit

1. Zulässigkeit der Firmenfortführung beim Erwerb eines Handelsgeschäfts

Die eingeführte Firma eines Unternehmens hat einen nicht zu unterschätzenden Wert („good will"). Wenn man bei der Veräußerung eines Unternehmens die seitherige Firma nicht mehr fortführen dürfte, würde das einen schweren wirtschaftlichen Schaden bedeuten. Es muß deshalb dem Erwerber gestattet werden, die seitherige Firma fortzuführen, auch wenn damit das Prinzip der Firmenwahrheit (Firmeninhaberschaft und Firmennamen stimmen nicht mehr überein) durchbrochen wird.

Diese Überlegungen sind der Grund dafür, daß gem. § 22 HGB beim Erwerb eines bestehenden Handelsgeschäftes (unter Lebenden oder von Todes wegen) die bisherige Firma mit Zustimmung des Geschäftsinhabers (bzw. dessen Erben) fortgeführt werden darf. Dabei ist es den Beteiligten freigestellt, bei der Firmenfortführung einen Zusatz aufzunehmen, der auf den Inhaberwechsel hindeutet.

Beispiel:

Wenn Franz Maier seinen Betrieb an Josef Müller veräußert, dann kann Josef Müller weiterhin die Firma mit der Bezeichnung „Franz Maier" fortführen. Er kann aber auch firmieren: „Franz Maier — Nachf. Josef Müller".

Unzulässig wäre es jedoch, nur die Firma zu übernehmen ohne das Handelsgeschäft, für welches sie geführt wird. Hier besteht ein sog. **„Veräußerungsverbot"** (§ 23 HGB). Eine gewisse Umgehung dieses Verbots liegt beim sog. „Mantelkauf" vor: Es werden sämtliche Anteile einer GmbH gekauft, die ihren Geschäftsbetrieb eingestellt hat und deren Firma nur noch „auf dem Papier" existiert.

2. Firmenfortführung bei Änderungen im Gesellschafterbestand

Aus ähnlichen Überlegungen wie beim Erwerb eines Handelsgeschäfts ergibt sich die Zulässigkeit der Firmenfortführung bei Änderungen im Gesellschafterbestand. Gem. § 24 Abs. 1 kann die bisherige Firma fortgeführt werden, auch wenn jemand in ein bestehendes Handelsgeschäft als Gesellschafter aufgenommen wird oder ein neuer Gesellschafter in eine Handelsgesellschaft eintritt oder aus einer solchen Gesellschaft ausscheidet.

Beispiel:

> Josef Maier und Franz Müller sind Gesellschafter der Müller & Maier OHG. Es tritt der Gesellschafter Cäsar ein. Trotzdem kann die Firma „Müller & Maier OHG“ weitergeführt werden.

Eine Grenze ergibt sich lediglich aus dem T ä u s c h u n g s v e r b o t: Die Firma darf keine falschen Haftungsverhältnisse vorspiegeln. Wenn also aus der „Müller & Maier OHG“ ein Gesellschafter austritt, dann würde gar keine Offene Handelsgesellschaft mehr existieren, sondern lediglich noch eine Einzelfirma (weil nur noch eine Person da ist). In diesem Fall muß der Zusatz „OHG“ unterbleiben, da andernfalls zum Nachteil des Rechtsverkehrs ein größeres Gläubigerpotential (mehrere Gesellschafter) als in Wirklichkeit (nur ein einzelner) vorgespiegelt wird. Umgekehrt wäre es jedoch unschädlich, die bisherige Einzelfirma „Franz Maier“ auch dann weiterzuführen, wenn später noch der Gesellschafter Josef Müller hinzutritt und damit eine OHG entstünde. Hier würde zwar auch eine unwahre Äußerung in der Firma enthalten sein, jedoch eine solche, die etwaige Gläubiger besserstellt (statt einer Person haften zwei) und deshalb zulässig ist.

Zu beachten ist § 24 Abs. 2 HGB: Beim Ausscheiden eines Gesellschafters, dessen Name in der Firma enthalten ist, bedarf es zur Fortführung der Firma der ausdrücklichen Zustimmung des Gesellschafters oder seiner Erben.

Wenn also Franz Maier aus der Franz Maier OHG ausscheidet (und Josef Müller und Cäsar zurückbleiben), dann könnte er die Führung seines Namens in der Firma verbieten, sofern nicht im Gesellschaftsvertrag etwas anderes geregelt wurde.

VIII. Übergang von Forderungen und Verbindlichkeiten bei der Firmenfortführung

1. Übergang der Verbindlichkeiten

Wird ein Handelsgeschäft unter der bisherigen Firma fortgeführt, so haftet gem. § 25 Abs. 1 Satz 1 HGB der Erwerber für alle im Betrieb des Geschäfts begründeten Verbindlichkeiten des früheren Inhabers. Wir haben es insofern mit einer besonderen Form der Schuldübernahme zu tun, wie wir sie bereits im Schuldrecht bei § 419 BGB kennengelernt haben.

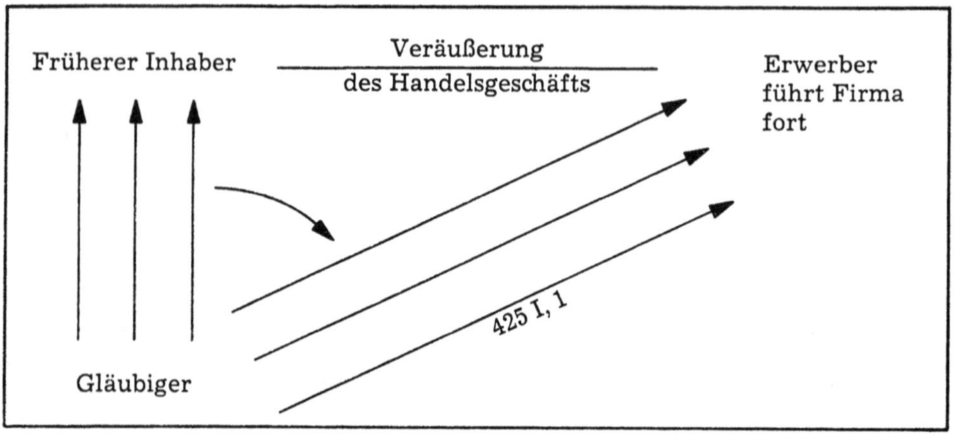

2. Übergang der Forderungen

Umgekehrt gelten die in dem Betrieb begründeten Forderungen den Schuldnern gegenüber als auf den Erwerber übergegangen.

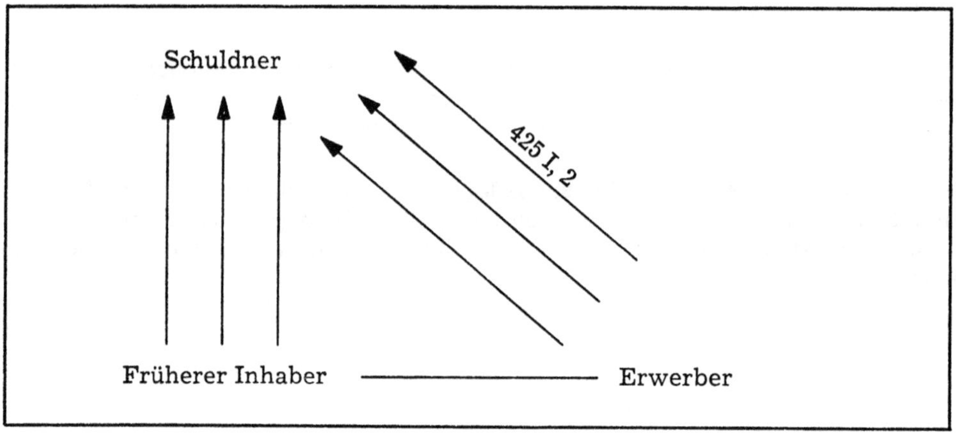

Das bedeutet im Klartext: Ein Schuldner des früheren Inhabers kann mit befreiender Wirkung an den neuen Inhaber leisten (beispielsweise zahlen).

3. Abweichende Vereinbarungen

Abweichende Vereinbarungen hinsichtlich des Forderungsübergangs und der Übernahme von Verbindlichkeiten zwischen dem Veräußerer und dem Erwerber des Unternehmens sind zulässig. Sie sind Dritten gegenüber jedoch nur wirksam, wenn sie in das Handelsregister eingetragen und bekanntgemacht worden sind oder vom Erwerber oder vom Veräußerer dem Dritten mitgeteilt wurden.

Wer also vermeiden will, daß er mit dem Erwerb eines Handelsgeschäfts auch alle Verbindlichkeiten übernimmt, oder wer vermeiden will, daß seine früheren Schuldner nunmehr mit befreiender Wirkung an den neuen Inhaber des Handelsgeschäfts zahlen, muß schnellstens die Eintragung einer Sondervereinbarung im Handelsregister herbeiführen oder durch entsprechende Rundschreiben die Kreditoren und Debitoren auf die Sonderabreden hinweisen. Dann bleibt es dabei, daß der Schuldner nur an den früheren Gläubiger leisten darf und der Erwerber nur die Verbindlichkeiten übernimmt, zu denen er sich bei der Veräußerung des Handelsgeschäftes verpflichtet hatte.

Es muß noch einmal betont werden, daß dies alles nur gilt, wenn zugleich auch die frühere Firma fortgeführt wird. Ist dies nicht der Fall, so kommt eine Haftung für Geschäftsverbindlichkeiten des früheren Inhabers nur durch eine besondere Verpflichtung in Betracht (also etwa dann, wenn man im Rahmen der Festsetzung des Kaufpreises diese Verbindlichkeiten als kaufpreismindernd ansetzt).

Beispiel:

Angenommen, Fritz Maier verkauft sein als Einzelfirma betriebenes Unternehmen „Fritz Maier Metallwarenfabrik" an Max Müller. Der Kaufpreis soll 1 200 000 DM betragen. Es sollen noch Schulden in Höhe von 200 000 DM vorhanden sein.

Es ergeben sich dann folgende Möglichkeiten: Entweder Max Müller bezahlt den vollen Kaufpreis, weil er mit dem Veräußerer vereinbart, daß dieser die Verbindlichkeiten selbst tilgt. Wenn er dann das Unternehmen mit der bisherigen Firma „Fritz Maier Metallwarenfabrik" fortführt, läuft er Gefahr, daß die Gläubiger sich wegen der ausstehenden 200 000 DM auch an ihn als Firmenfortführer halten. Führt er die Firma jedoch nicht fort, firmiert er etwa mit „Max Müller Metallwarenfabrik", dann besteht diese Gefahr nicht. Eine Haftung für die 200 000 DM kommt dann nur in Betracht, wenn sich Max Müller hierzu besonders verpflichtete. Häufig ist dies der Fall, weil man bei derartigen Unternehmensverkäufen die z. Z. des Verkaufs bestehenden Verbindlichkeiten von der Kaufpreissumme abzieht. Dann spielt es auch keine Rolle, unter welcher Firma Max Müller das Unternehmen weiterführt. Er haftet dann für die Verbindlichkeiten sowohl bei der Fortführung der alten Firma „Fritz Maier Metallwarenfabrik" als auch bei einer Neufirmierung „Max Müller Metallwarenfabrik".

4. Die Verjährung von Ansprüchen gegenüber dem früheren Inhaber

Wenn der Erwerber eines Handelsgeschäfts bei Firmenfortführung für die Verbindlichkeiten des früheren Inhabers haftet, so ist damit noch nicht gesagt, daß der frühere Inhaber selbst befreit ist; im Gegenteil: Gem. § 26 HGB verjähren die Ansprüche der Gläubiger gegen den früheren Inhaber erst mit dem Ablauf von 5 Jahren, sofern nicht nach allgemeinen Vorschriften die Verjährung schon früher einsetzt.

Beispiel:

Franz Maier erwirbt von Josef Müller dessen Metallwarenfabrik. Es bestanden noch Verbindlichkeiten in Höhe von 100 000 DM. Franz Maier führt die Firma fort. Josef Müller läuft Gefahr, noch 5 Jahre für diese Schulden aufkommen zu müssen, sofern nicht eine kürzere Verjährungsfrist (etwa 4 Jahre gem. § 196 Abs. 2 BGB) für den Anspruch selbst eingreift.

5. Sonderfälle bei der Fortführung eines Geschäfts durch den Erben

Wird ein zum Nachlaß gehörendes Handelsgeschäft vom Erben fortgeführt, so finden zunächst auf die Haftung des Erben für die früheren Geschäftsverbindlichkeiten die Vorschriften des § 25 HGB entsprechende Anwendung (d. h.: Der Erbe haftet in gleicher Weise).

Zum Schutz des Erben bringt § 27 Abs. 2 jedoch eine Einschränkung: Die unbeschränkte Haftung tritt nicht ein, wenn der Erbe vor dem Ablauf von 3 Monaten die Fortführung des Geschäfts einstellt. Der Erbe eines Handelsgeschäfts hat damit, neben den sonstigen Möglichkeiten der Haftungsbeschränkung im Erbrecht, eine weitere Möglichkeit, durch bloße Einstellung des Geschäftsbetriebs sich der unbeschränkten Erbenhaftung zu entziehen.

Fragen:

9. Kann ein Einzelkaufmann eine Sachfirma führen?
10. Kann eine Kommanditgesellschaft den Namen aller Gesellschafter in der Firma führen?
11. Wie lautet die Firma der GmbH & Co. KG?
12. Sind verdeutlichende Zusätze, die zur Unterscheidung der Person oder des Geschäfts dienen, in einer Firma gestattet?
13. Darf beim Erwerb eines Handelsgeschäfts die bisherige Firma fortgeführt werden und welche Konsequenzen hat das gegebenenfalls?

E. Die kaufmännischen Hilfspersonen

Lernziele:

Dieser Abschnitt beschäftigt sich vor allem mit der Prokura und der Handlungsvollmacht. Sie sollten sich die Befugnisse des Prokuristen einprägen und diese der eingeschränkten Rechtsmacht des Handlungsbevollmächtigten gegenüberstellen. Außerdem werden die selbständigen Hilfspersonen des HGB (Handelsvertreter, Handelsmakler und Kommissionär) kurz vorgestellt.

Das Prinzip der Arbeitsteilung erfordert die Einstellung kaufmännischer Hilfspersonen. Von der Sicht des Handelsrechts aus lassen sich zwei Gruppen unterscheiden: **selbständige** und **unselbständige Hilfspersonen** des Kaufmanns. Das Handelsgesetzbuch kennt als unselbständige Hilfspersonen den Prokuristen, den Handlungsbevollmächtigten sowie den Handlungsgehilfen (moderner: kaufmännischer Angestellter). Als selbständige Hilfspersonen sind der Handelsvertreter, der Handelsmakler und der Kommissionär zu nennen.

I. Prokura

1. Begriff und Umfang der Prokura

Die Prokura ist nichts anderes als eine besondere, nämlich gesetzlich umschriebene Vertretungsmacht. Der Prokurist ist also kaufmännischer Angestellter, der innerhalb eines bestimmten Aufgabenkreises uneingeschränkt vertretungsberechtigt ist.

Nach § 49 HGB ermächtigt die Prokura „zu allen gerichtlichen und außergerichtlichen Geschäften und Rechtshandlungen, die der Betrieb eines Handelsgewerbes mit sich bringt“.

Der Prokurist kann also mit Wirkung für den Geschäftsinhaber Waren einkaufen und verkaufen, Personal einstellen und entlassen, Darlehen aufnehmen, Zahlungen entgegennehmen und dergleichen mehr.

Nicht ermächtigt die Prokura jedoch zur Veräußerung und Belastung von Grundstücken. Der Prokurist kann also keine Hypothek für ein Betriebsgrundstück bestellen.

Damit hat der Prokurist eine sehr weitreichende Vertretungsbefugnis. Sie ist zudem gem. § 50 HGB gegenüber Dritten nicht beschränkbar. Die Prokura kann insbesondere nicht nur für gewisse Geschäfte oder gewisse Arten von Geschäften oder nur unter gewissen Umständen oder für eine gewisse Zeit oder an einzelnen Orten beschränkt werden. Besonderes gilt für die Filialprokura nach § 50 III.

unselbständige ◄— **kaufm. Hilfspersonen** —► selbständige

unselbständige					selbständige		
Prokurist	**Handlungsbevollmächtigter**	Handlg. Gehilfe	Handlg. Lehrling	Volontär	**Handelsvertreter**	**Handelsmakler**	**Kommissionär**
§§ 48 ff.	§§ 54 ff.	§§ 59 ff.	Berufsbildg.-Gesetz	§ 82 a	**§§ 84 ff.**	**§§ 93 ff.**	**§§ 383 f.**
					ständige Geschäftsvermittlung	**gewerbsmäßige Geschäftsvermittlung, ohne ständig betraut zu sein**	**gewerbsmäßige Übernahme von Waren oder Wertpapieren für Rechnung eines anderen (Kommittenten) im eigenen Namen — beim Kauf = Einkaufs-Kommissionär — beim Verkauf = Verkaufs-Kommissionär** (= Fall der mittelbaren Stellvertretung)

Prokurist und Handlungsbevollmächtigter: spezielle, handelsrechtl. Vollmachten

Handlg. Gehilfe, Handlg. Lehrling, Volontär: Arbeitsrecht

Umfang:

Prokurist	Handlungsbevollmächtigter
alle gerichtl. u. außergerichtl. Geschäfte, die ein Handelsgewerbe mit sich bringt § 49 I	alle Geschäfte, die ein derartiger Betrieb mit sich bringt § 54 I
nicht: Veräußerung u. Belastung von Grundstücken	nicht: Veräußerung und Belastung von Grundstücken, Wechselverbindlichkeiten, Darlehensaufnahmen, Prozeßführung

Handelsregistereintragung:

Prokurist	Handlungsbevollmächtigter
ja	nein

Eine Filialprokura kommt in Betracht, wenn ein Unternehmen mehrere Niederlassungen hat (häufig im Bankgewerbe). In diesen Fällen ist eine Beschränkung der Prokura auf den Betrieb einer Niederlassung zulässig. Allerdings ist dies nach § 50 Abs. 3 nur möglich, wenn die Niederlassungen unter verschiedenen Firmen betrieben werden. Das Gesetz bestimmt dabei ausdrücklich, daß eine Verschiedenheit der Firma im Sinne dieser Vorschrift bereits dadurch begründet wird, daß für eine Zweigniederlassung ein Firmenzusatz beigefügt wird, der das Unternehmen als Zweigniederlassung kennzeichnet.

Beispiel:

„Deutsche Bank AG Filiale Tübingen" wäre die Voraussetzung dafür, daß einem Angestellten dieser Filiale die Prokura, begrenzt auf den Handelsregisterbezirk Tübingen, erteilt wird. Dasselbe wäre dann für einen anderen Angestellten bei der „Deutschen Bank AG Zweigniederlassung Reutlingen" der Fall.

Es ist jedoch zu beachten, daß derartige Beschränkungen nur „Dritten gegenüber" unwirksam sind. Im Innenverhältnis zwischen Prokuristen und Geschäftsinhaber können sehr wohl Absprachen beschränkender Art getroffen werden.

Beispiel:

Dem Prokuristen kann vom Geschäftsinhaber auferlegt werden, Einkäufe nur bis zu 20 000 DM zu tätigen. Überschreitet er diese Grenze, kauft er also eine Maschine zu 50 000 DM, so ist gleichwohl dieser Kaufvertrag für den Geschäftsinhaber verbindlich, da die Prokura Dritten (also dem Verkäufer) gegenüber nicht wirksam eingeschränkt werden kann. Der Geschäftsinhaber müßte also die Maschine abnehmen und bezahlen. Im Innenverhältnis zwischen dem Prokuristen und dem Geschäftsinhaber läge eine Verletzung des Anstellungsvertrages vor, der Schadenersatzpflichten auslösen und gegebenenfalls, insbesondere bei Wiederholungen und besonders schweren Fällen, zur Kündigung berechtigen würde.

Der Rechtsverkehr muß sich darauf verlassen können, daß ein Prokurist zu allen Rechtsgeschäften befugt ist, die mit einem Handelsgewerbe zusammenhängen. Gewiß macht sich bei Überschreitung der internen Absprachen der Prokurist (im Innenverhältnis) dem Geschäftsinhaber gegenüber schadenersatzpflichtig. Auf das Außenverhältnis hat dies keinen Einfluß.

2. Erteilung der Prokura

Die Prokura wird vom Inhaber des Handelsgeschäfts durch ausdrückliche Erklärung erteilt (§ 48), sie kann auch an mehrere Personen gemeinschaftlich erfolgen (man spricht dann von „**Gesamtprokura**").

Die Prokura ist in das Handelsregister einzutragen, ebenso wie das Erlöschen der Prokura. Sie ist nicht übertragbar, jederzeit widerruflich und erlischt nicht durch den Tod des Inhabers des Handelsgeschäfts (vgl. §§ 52, 53 HGB).

II. Handlungsvollmacht

Die Handlungsvollmacht ist ebenso wie die Prokura eine gesetzlich umschriebene Vertretungsmacht. Nur ist ihr Umfang wesentlich geringer (der Handlungsbevollmächtigte ist „der kleine Bruder des Prokuristen").

Nach § 54 HGB ermächtigt die Handlungsvollmacht nur zu allen Geschäften und Rechtshandlungen, die der Betrieb eines „derartigen" Handelsgewerbes oder die Vornahme „derartiger" Geschäfte gewöhnlich mit sich bringt.

Die Prokura dagegen schließt eine Vertretungsmacht zur Vornahme aller Geschäfte, die „ein" Handelsgeschäft (schlechthin) mit sich bringt, ein. Ausdrücklich von der Handlungsvollmacht ausgenommen sind:

— die Veräußerung oder Belastung von Grundstücken,
— die Eingehung von Wechselverbindlichkeiten,
— die Aufnahme von Darlehen und
— die Prozeßführung.

Hierzu bedarf der Handlungsbevollmächtigte einer besonderen Befugnis.

III. Kaufmännische Angestellte

Das Handelsgesetzbuch spricht in §§ 59 ff. HGB vom „Handlungsgehilfen". Gemeint ist mit diesem altertümlichen Ausdruck der „kaufmännische Angestellte". Hierbei handelt es sich um eine Materie, die systematisch in das Arbeitsrecht, nämlich in den Fragenbereich der abhängigen Arbeit gehört. Ergänzend greifen deshalb die Normen des Arbeitsrechtes ein.

Im Handelsgesetzbuch sind vor allem die Wettbewerbsverbote geregelt, die nach der Rechtsprechung des Bundesarbeitsgerichts auch auf die sonstigen Arbeitnehmer anzuwenden sind. Hiernach gilt: Ein Wettbewerbsverbot besteht zunächst während der Beschäftigung. Darüber hinaus kann es nach Beendigung der Beschäftigung unter bestimmten Voraussetzungen vereinbart werden:

— Es muß die Schriftform gewahrt sein;
— dem Arbeitnehmer muß eine Entschädigung gewährt werden;
— das Wettbewerbsverbot darf nicht länger andauern als 2 Jahre nach Ausscheiden aus dem Arbeitsverhältnis.

IV. Handelsvertreter und Handelsmakler

Handelsvertreter ist, wer als selbständiger Gewerbetreibender ständig damit betraut ist, für einen anderen Unternehmer Geschäfte zu vermitteln oder in dessen Namen abzuschließen (§ 84 HGB).

Hauptbeispiele der durch Handelsvertreter vermittelten Geschäftsbereiche: Warenverkauf, Werk- und Werklieferungsverträge, Versicherungen.

Handelsmakler ist gem. § 93 HGB, wer gewerbsmäßig für andere Personen, ohne von ihnen auf Grund eines Vertragsverhältnisses ständig damit betraut zu sein, die Vermittlung von Verträgen über Anschaffung oder Veräußerung von Waren oder Wertpapieren, über Versicherungen, Güterbeförderungen, Schiffsmiete oder sonstige Gegenstände des Handelsverkehrs übernimmt.

Beispiel:

Hans Markel betreibt seit längerer Zeit Vermittlungen im Bereich der Vermögensanlagen- und Versicherungsbranche. Eine Bindung an einen bestimmten Geschäftspartner (Versicherung, Kapitalanlagegesellschaft) hat er bislang absichtlich nicht gewünscht. Er tritt aber stets im Namen des Vertretenen auf, weil er jeweils bei einem Kunden die Offerten als Vertreter der durch ihn vermittelten Versicherung oder Kapitalanlagegesellschaft erbringt. Die nicht ständige Beziehung zum Auftraggeber unterscheidet ihn vom Handelsvertreter, das Auftreten in fremdem Namen vom Kommissionär.

V. Kommissionär

Kommissionär ist, wer es gewerbsmäßig übernimmt, Waren oder Wertpapiere für Rechnung eines anderen (den Kommittenten) im eigenen Namen zu kaufen („Einkaufskommission") oder zu verkaufen („Verkaufskommission").

Kennzeichen des Kommissionärs ist demnach, daß er in eigenem Namen (aber für fremde Rechnung) auftritt. Es handelt sich also um einen Fall der **„mittelbaren Stellvertretung"**.

Beispiel:

Kuno Klötzer unterhält eine „Galerie", bei der er „alte und junge Meister" zum Verkauf anbietet. Die Bilder erhält er sowohl von jungen Künstlern, als auch von Eigentümern alter Gemälde, die gewinnbringend weiterverkaufen wollen. Kuno Klötzer tritt selbst als Verkäufer (im eigenen Namen) auf. Da er aber für fremde Rechnung handelt, wäre er in diesem Falle Verkaufskommissionär. Zu beachten ist jedoch, daß diese Konstruktion auch einmal anders aussehen kann, dann nämlich, wenn Kuno Klötzer dem Künstler einen bestimmten Kaufpreis bereits bei Übernahme des Gemäldes entrichtet, dann allerdings das Risiko einer Nichtverkäuflichkeit voll trägt.

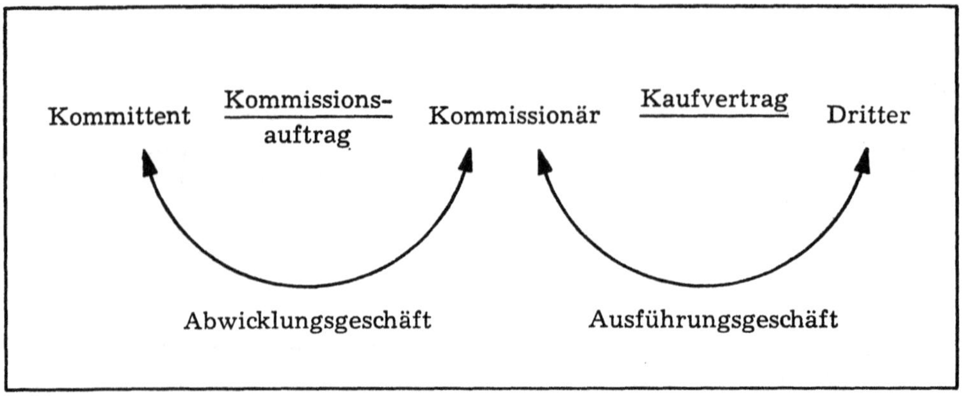

Fragen:

14. Darf ein Prokurist zur Sicherung eines Darlehens eine Hypothek an einem Betriebsgrundstück bestellen?
15. Welche Gemeinsamkeiten und welche Unterschiede bestehen zwischen Prokura und Handlungsvollmacht?

F. Die Handelsgeschäfte

Lernziele:

Der nachfolgende Abschnitt ist relativ umfangreich. Er behandelt die im 3. Buch des HGB geregelten „Handelsgeschäfte". Zunächst ist gesagt, was man unter den Handelsgeschäften zu verstehen hat. Danach werden die einzelnen besonderen Vorschriften des Handelsrechts für diese Handelsgeschäfte abgehandelt (z. B. Handelsbrauch, kaufmännische Sorgfaltspflicht, Verschärfung der allgemeinen Vorschriften durch das Handelsrecht). Die Eigenarten des kaufmännischen Zahlungsverkehrs (Wechsel und Scheck) werden kurz vorgestellt. Zum Schluß werden die im HGB besonders geregelten Geschäftstypen erwähnt und an Hand des Handelskaufes abgehandelt.

I. Gesetzliche Systematik

1. Allgemeines

Wir haben oben gesehen, daß das Handelsrecht zu verstehen ist als das „besondere Recht der Kaufleute". Deshalb war die Definition des Kaufmannes von entscheidender Bedeutung: Nimmt ein Kaufmann Rechtsgeschäfte vor, so findet das Handelsrecht Anwendung. Was nun unter dem „besonderen Recht der Kaufleute" zu verstehen ist, steht im 3. Buch des Handelsgesetzbuches, in den §§ 343 ff. HGB. Dieses ist überschrieben mit „Handelsgeschäfte".

Unter den Handelsgeschäften sind die Rechtsgeschäfte der Kaufleute zu verstehen.

Wie im Allgemeinen Teil ausgeführt, sind unter den „Rechtsgeschäften" vor allem die Verträge zu verstehen. Wenn also ein Kaufmann etwas ein- oder verkauft, ein Darlehen aufnimmt oder eine Bürgschaft eingeht, so tätigt er damit ein „Rechtsgeschäft".

Nun ist aber denkbar, daß ein Kaufmann auch „private" Geschäfte tätigt, zum Beispiel, wenn er Schmuck für seine Ehefrau kauft. Deshalb ist es notwendig, den „privaten" von dem „geschäftlichen" Bereich abzugrenzen.

Diese Abgrenzung erfolgt gemäß § 343 und § 344 HGB. Danach gilt:

— Handelsgeschäfte sind alle Geschäfte eines Kaufmanns, die zum Betrieb seines Handelsgewerbes gehören.

— Die von einem Kaufmann vorgenommenen Rechtsgeschäfte gelten im Zweifel als zum Betrieb seines Handelsgewerbes gehörend.

Bis zum Beweis des Gegenteils wird vermutet, daß ein Handelsgeschäft vorliegt.

Für Schuldscheine gilt nach § 344 Abs. 2 sogar eine unwiderlegliche Vermutung, daß sie im Betrieb des Handelsgewerbes gezeichnet wurden (sofern nicht aus der Urkunde selbst das Gegenteil hervorgeht).

Beispiel:

Wenn ein Kaufmann Waren einkauft, dann findet grundsätzlich auch das Handelsrecht Anwendung. Nur wenn ausnahmsweise (familiäre Sphäre) der private Charakter bewiesen wird, kommt das „normale" BGB zur Anwendung.

Unterzeichnet der Kaufmann ein Schreiben, wonach er „10 000 DM schulde", dann findet auf dieses Verpflichtungsgeschäft ebenfalls das Handelsrecht Anwendung, selbst wenn es sich um ein privates Schuldversprechen handelt. Anders nur, wenn auf der Urkunde der private Charakter vermerkt ist.

2. Arten der Handelsgeschäfte

Man unterscheidet **einseitige Handelsgeschäfte** und **zweiseitige Handelsgeschäfte.**

Ob ein einseitiges oder zweiseitiges Handelsgeschäft vorliegt, hängt davon ab, ob bei einem Vertrag auf beiden Seiten ein Kaufmann steht (dann „beiderseitiges Handelsgeschäft") oder ob ein Kaufmann mit einem Nichtkaufmann Rechtsgeschäfte tätigt (dann „einseitiges Handelsgeschäft").

Der Unterschied zwischen dem einseitigen und dem zweiseitigen Handelsgeschäft spielt eine große Rolle, weil die besonderen Vorschriften des HGB häufig nur zur Anwendung kommen, wenn ein beiderseitiges Handelsgeschäft vorliegt. Andere Vorschriften wiederum gelten bereits bei einem einseitigen Handelsgeschäft.

Beispiel:

Der Handelsbrauch gilt „unter Kaufleuten" (§ 346 HGB). Es muß sich also um ein beiderseitiges Handelsgeschäft handeln.

Die besonderen Vorschriften der Kaufleute für Bürgschaften, Schuldversprechen und dergleichen finden jedoch gemäß § 350 HGB bereits dann Anwendung, wenn das betreffende Rechtsgeschäft auf der Seite des Erklärenden ein Handelsgeschäft ist.

II. Allgemeine Vorschriften für die Handelsgeschäfte

Im folgenden geht es darum aufzuzeigen, was nun unter dem „besonderen Handelsrecht" zu verstehen ist. Hierbei bringt das Gesetz im 1. Abschnitt (§§ 343 bis 372 HGB) zunächst allgemeine Vorschriften, die insofern das normale bürgerliche Recht verdrängen. Im einzelnen wäre zu nennen:

1. Geltung des Handelsbrauchs

Unter Kaufleuten gilt gemäß § 346 HGB der Handelsbrauch. Voraussetzung ist, daß es sich um ein beiderseitiges Handelsgeschäft handelt.

a) Begriff des Handelsbrauchs

Unter dem Handelsbrauch versteht man die „kaufmännische Verkehrssitte".

Nach bürgerlichem Recht finden auf die Auslegung eines Vertrages ergänzend auch die „allgemeinen Verkehrssitten" Anwendung, auf Handelsgeschäfte zusätzlich noch die unter Kaufleuten geltenden Usancen. Welche Gebräuche dies sind, läßt sich nicht allgemein sagen. Dies hängt ab von der jeweiligen Branche, von der geographischen Lage und dem Stand der Entwicklung.

b) Wirkungen des Handelsbrauchs

Der Handelsbrauch als solcher ist etwas Faktisches (d. h. etwas Sozialtypisches, das sich nach Verkehrssitte und nach Treu und Glauben gebildet hat) und nichts Normatives. Er hat deshalb keinen Gesetzesrang. Demzufolge kann ein Handelsbrauch nicht zwingendes Recht abändern. Wohl kann der Handelsbrauch ergänzend eingreifen und bei der Auslegung strittiger Fragen den Ausschlag geben.

Welche Handelsbräuche in den einzelnen Branchen gelten, muß notfalls im jeweiligen Einzelfall vom Gericht festgestellt werden. Es bedient sich hierzu der Auskunft seitens der Industrie- und Handelskammern. Diese kennen die Gepflogenheiten der einzelnen Branchen am besten und können deshalb auch Auskunft geben, ob ein behaupteter Handelsbrauch tatsächlich besteht.

Vor allem der internationale Handel benötigt klare Rechtsverhältnisse und damit genormte Vertragsformeln. Diesem Bedürfnis kommen die „Internationalen Regeln für die Auslegung handelsüblicher Vertragsformeln (Incoterms)" entgegen, die 1953 veröffentlicht und von einer Vielzahl von Landesgruppen der Internationalen Handelskammer festgehalten wurden. Beziehen sich die Vertragspartner auf derartige Incoterms, so sind die festgeschriebenen Grundsätze anzuwenden. Bei der „fob-Klausel" hat beispielsweise der Verkäufer die Kosten der Versendung der Ware bis an Bord des Schiffes zu tragen. Wird mit „cif-Klausel" verkauft, so treten zum fob-Preis noch die Kosten der Seefracht und der Seeversicherung hinzu. Im einzelnen sind die internationalen Handelsklauseln sehr detailliert (bei der fob-Klausel z. B. sind die Pflichten des Verkäufers und Käufers in 15 ausführlichen Punkten niedergelegt); die internationale Handelskammer gibt hierzu ein Handbuch („Trade-Terms") heraus.

Aus der Rechtsprechung wäre etwa zu nennen:

— Es besteht kein Handelsbrauch, daß ohne Vorbenachrichtigung eine Lieferung per Nachnahme (Bezahlung des Empfängers vor Untersuchung der Ware) zulässig ist.

— Wenn bei einem Rechnungsbetrag die Mehrwertsteuer vergessen wurde, versteht sich der Betrag als Brutto-Entgelt, d. h. einschließlich der Mehrwertsteuer.

— Das Schweigen auf ein Bestätigungsschreiben gilt (entgegen den Regeln des BGB) als Zustimmung und nicht als Ablehnung (wer also als Kaufmann Vertragsverhandlungen geführt hat und vom Vertragspartner eine abweichende Bestätigung erhält, muß schleunigst widersprechen, sonst gilt der Vertrag mit dem bestätigten Inhalt).

2. Die besondere kaufmännische Sorgfaltspflicht

Nach bürgerlichem Recht haftet jeder für die „im Verkehr erforderliche Sorgfalt" (§ 276 BGB). Im Handelsrecht gilt darüber hinaus gem. § 347 HGB „die Sorgfalt eines ordentlichen Kaufmanns".

Den Kaufmann trifft somit eine erhöhte Sorgfaltspflicht. Welche Anforderungen damit gemeint sind, hängt von der Art des Geschäftes ab.

Beispiele:

Ein Kaufmann muß besonders wichtige Papiere per Einschreiben versenden.

Es ist darauf zu achten, daß durch Unbefugte kein Mißbrauch mit Formularen, Stempeln und dergleichen zu Lasten der Geschäftspartner getrieben werden kann.

Die Rechtsprechung verlangt bei Auskünften, die im Rahmen einer Geschäftsverbindung erteilt werden, eine besondere Gewissenhaftigkeit.

3. Außerkrafttreten bürgerlich-rechtlicher Schutzvorschriften

Das Handelsrecht stellt höhere Anforderungen an den Rechtsgenossen als das bürgerliche Recht. Dies zeigt sich vor allem darin, daß gewisse bürgerlichrechtliche Schutzvorschriften für den Kaufmann nicht gelten:

a) Formfreiheit bestimmter Rechtsgeschäfte

Während nach bürgerlichem Recht die Bürgschaftserklärung, das (abstrakte) Schuldversprechen und das Schuldanerkenntnis der Schriftform bedürfen, mündliche Erklärungen somit nichtig sind, können gem. § 350 HGB solche Erklärungen formlos (also mündlich!) rechtswirksam abgegeben werden.

b) Ausschluß der Einrede der Vorausklage

Das BGB gewährt dem Bürgen die „Einrede der Vorausklage". Der Bürge kann also den Gläubiger zunächst an den Hauptschuldner verweisen, sofern er nicht auf die Einrede verzichtet hat. Nach Handelsrecht ist diese Einrede gem. § 349 grundsätzlich ausgeschlossen. Das bedeutet, daß ein Kaufmann als Bürge stets mit dem Gläubigerzugriff rechnen muß. Er kann den Gläubiger nicht damit vertrösten, er solle erst einmal versuchen, sein Geld beim Hauptschuldner zu holen.

c) Keine Herabsetzung der Vertragsstrafe

Nach dem BGB kann eine unverhältnismäßig hohe Vertragsstrafe auf Antrag vom Gericht herabgesetzt werden. Diese Möglichkeit besteht nicht, wenn der Versprechende zugleich Kaufmann ist und dieser die Vertragsstrafe im Betrieb seines Handelsgewerbes versprochen hat (§ 348 HGB).

4. Provisionen und Zinsen unter Kaufleuten

a) Grundsätzliche Berechtigung zur Geltendmachung eines Entgelts

Kaufleute „tun nichts umsonst". In der Regel wird für jede Tätigkeit auch die Entgeltseite mit vereinbart sein. Aber auch wenn dies nicht der Fall ist, können Kaufleute gemäß § 354 HGB auch ohne Verabredung eine Provision nach den ortsüblichen Sätzen verlangen, wenn sie in Ausübung ihres Handelsgewerbes einem anderen Geschäfte besorgen oder Dienstleistungen erbringen.

Zum Beispiel kann der Geschäftspartner für den Kapitalnachweis, für Bürgschaften oder Gefälligkeitsakzepte auch ohne ausdrückliche Vereinbarung eine entsprechende Vergütung verlangen.

Außerdem kann ein Kaufmann gemäß § 354 für Darlehen, Vorschüsse, Auslagen und andere Verwendungen vom Tage der Leistung an Zinsen berechnen (auch wenn es nicht ausdrücklich vereinbart war).

b) Zinssatz unter Kaufleuten

Der gesetzliche Zinssatz für Kaufleute beträgt (bei beiderseitigen Handelsgeschäften) 5 % jährlich (nach BGB lediglich 4 %). Auch sind Kaufleute untereinander berechtigt, für ihre Forderungen aus beiderseitigen Handelsgeschäften bereits vom Tage der Fälligkeit an Zinsen zu fordern (§ 353 HGB).

c) Liquidation höherer Zinsen

Der gesetzliche Zinssatz von 5 % entspricht häufig nicht den Bedingungen des Kapitalmarktes. Wenn ein Kaufmann für Außenstände bei Zahlungsverzug nur 5 % bezahlen müßte, andererseits die Zinsen für Kontoüberziehungen bei seiner Bank u. U. wesentlich mehr betragen, dann wäre dies insgeheim eine Aufforderung zur schlechten Zahlungsmoral. Deshalb stellt sich die Frage, ob der Gläubiger über die 5 % Verzugszinsen hinaus noch den Betrag geltend machen kann, den er möglicherweise bei seiner eigenen Bank bis zum Eingang des Rechnungsbetrags an Kreditzinsen aufzubringen hatte.

Beispiel:

> Kaufmann A schuldet dem Kaufmann B 100 000 DM, zahlbar am 1. Oktober 1975. A bezahlt jedoch erst am 1. April 1976. Dann kann B auf Grund der Verzugszinsen 5 % aus 100 000 DM für 6 Monate = 2500 DM gemäß § 352 HGB geltend machen.

Wenn er jedoch gezwungen war, bei seiner Hausbank wegen der ausstehenden 100 000 DM einen Kredit aufzunehmen in Höhe von 10 %, dann sind die restlichen 5 % unter dem Gesichtspunkt des Schadenersatzes (als Verzugsschaden) gemäß § 288 Abs. 2 BGB zu zahlen.

5. Erweiterung des gutgläubigen Erwerbs

a) Gutgläubiger Erwerb nach bürgerlichem Recht

Wer eine fremde bewegliche Sache, die ihm nicht gehört, in Besitz hat, kann trotzdem wirksam das Eigentum an ihr übertragen, wenn der Erwerber den Veräußerer für den Eigentümer hält.

Beispiel:

> Der Mieter einer Schreibmaschine veräußert diese an einen Dritten, der ihn für den Eigentümer hält.

Eigentümer = Vermieter	Mietvertrag	Mieter = Veräußerer	Gutgläubiger Erwerb	Erwerber

Das bürgerliche Recht kennt jedoch die Einschränkung: Wenn die Sachen *gestohlen* oder sonst *abhanden gekommen* waren, nützt auch der gute Glaube an das in Wirklichkeit nicht bestehende Eigentum nichts. Gestohlene Sachen können nicht gutgläubig erworben werden (Ausnahme: Geld oder bestimmte Wertpapiere).

b) Erweiterung des gutgläubigen Erwerbs im Handelsrecht

Nach § 366 HGB ist die Möglichkeit des gutgläubigen Erwerbs beweglicher Sachen erweitert: Es genügt, daß sich der gute Glaube des Erwerbers auf die Verfügungsbefugnis des veräußernden Kaufmanns bezieht.

Das läßt sich am besten beim Kommissionär klar machen: Der Kommissionär handelt im Interesse eines anderen, wenn er bei einer Verkaufskommission Gegenstände des Eigentümers veräußert. Hier wird der Erwerber ohnehin nicht an das Eigentum des Kommissionärs glauben, wohl jedoch an dessen Verfügungsbefugnis (für den Eigentümer veräußern zu dürfen). Hier genügt es, wenn der Erwerber den Kommissionär für verfügungsbefugt hält.

Eigentümer	Kommission	Kommissionär	Verfügungs-befugnis	Erwerber

Lag die Verfügungsbefugnis in Wirklichkeit nicht vor, hindert dies den Eigentumserwerb des Dritten nicht. Es bestehen dann allerdings Regreßansprüche des wahren Eigentümers gegen den Verfügenden.

Eine weitere Abweichung vom bürgerlichen Recht ergibt sich nach § 367 HGB beim Erwerb gestohlener Wertpapiere. Wie oben ausgeführt, kann nach bürgerlichem Recht eine gestohlene Sache ausnahmsweise doch gutgläubig erworben werden, wenn es sich hierbei um Geld oder Inhaberpapiere handelt. (Inhaberpapier: Wer das Wertpapier „innehat", kann auch das aus dem Wertpapier folgende Recht geltend machen; Musterfall: die Aktie).

§ 367 HGB bestimmt nun, daß der gute Glaube stets als ausgeschlossen gilt, wenn z. Z. der Veräußerung der Verlust der Papiere im Bundesanzeiger bekanntgemacht worden ist und seit dem Ablauf des Jahres, in dem die Veröffentlichung erfolgte, nicht mehr als 1 Jahr verstrichen war.

6. Das kaufmännische Zurückbehaltungsrecht

Sowohl nach allgemeinem bürgerlichen Recht als auch nach speziellem Handelsrecht gibt es ein Zurückbehaltungsrecht. Nach § 273 BGB kann der eine solange die Leistung verweigern, bis der andere die von ihm geschuldete Leistung bewirkt hat, wenn Leistung und Gegenleistung „auf demselben rechtlichen Verhältnis" beruhen.

Beispiel:

A verkauft dem B ein Kraftfahrzeug für 10 000 DM. Noch vor der Lieferung fordert der Verkäufer die Bezahlung. Hier besteht ein Zurückbehaltungsrecht des Käufers. Umgekehrt ebenso, wenn der Käufer bereits Lieferung verlangen würde, ohne bezahlt zu haben.

Nach bürgerlichem Recht bestehen zwei Voraussetzungen für die Ausübung eines Zurückbehaltungsrechtes:

— Fälligkeit des betreffenden Anspruchs und

— das besonders enge Verhältnis zwischen Anspruch und Gegenanspruch (man bezeichnet es als **„Konnexität")**.

Das kaufmännische Zurückbehaltungsrecht geht jedoch weiter:

- Es setzt nicht die „Konnexität" der Ansprüche voraus und
- es gewährt nicht nur ein Verweigerungsrecht, sondern darüber hinaus ein Verwertungsrecht.

Das bedeutet: Ein Kaufmann kann ein Zurückbehaltungsrecht wegen der fälligen Forderungen ausüben, welche ihm gegen einen anderen Kaufmann aus den zwischen ihnen geschlossenen beiderseitigen Handelsgeschäften zustehen. Ist der Geschäftspartner des Kaufmanns in Vermögensverfall geraten (Konkurs und dergleichen), so kann auch wegen noch nicht fälliger Forderungen ein Zurückbehaltungsrecht ausgeübt werden.

Das Zurückbehaltungsrecht nach bürgerlichem Recht berechtigt lediglich zur Verweigerung der Leistung (die Leistung so lange zurückzubehalten, bis der andere auch leistet). Im Handelsrecht dagegen ist der Gläubiger kraft des Zurückbehaltungsrechtes befugt, sich aus dem zurückbehaltenen Gegenstand für seine Rechnung zu befriedigen. Die Befriedigung erfolgt nach den Vorschriften über die Verwertung des Pfandrechtes.

7. Besonderheiten des kaufmännischen Zahlungsverkehrs (Wechsel und Scheck)

Wechsel und Scheck gehören zu den Wertpapieren. Diesen ist eigen, daß sie ein Recht in einer Urkunde verkörpern.

Diese Rechte können Geldforderungen sein (Scheck, Wechsel), aber auch Warenforderungen (wie etwa der Lagerschein oder der Ladeschein) oder Mitgliedschaftsrechte (Schulbeispiel: die Aktie).

Ist das verbriefte Recht nur durchsetzbar, wenn man Inhaber der betreffenden Urkunde ist, dann spricht man von **„Inhaberpapieren"** (Beispiel: der Überbringerscheck). Lautet das Papier auf einen bestimmten Namen, so spricht man von **Rektapapieren** (Namenspapieren), zum Beispiel das Sparbuch. Lautet das Wertpapier nicht nur auf bestimmte Personen, sondern auch „auf Order", dann spricht man von **Orderpapieren** (Beispiel: der Wechsel).

a) Der Scheck

Der Scheck besteht in einer schriftlichen Anweisung an ein Kreditinstitut, aus einem Guthaben bei Vorlage des Schecks eine bestimmte Geldsumme zu zahlen.

aa) Allgemeine Voraussetzungen

Das Scheckgesetz vom 14. 8. 1933 nennt in Artikel 1 die gesetzlichen Mindestvoraussetzungen, die ein Scheck enthalten muß (in den entsprechenden Vordrucken ist dies jeweils berücksichtigt):

- Bezeichnung als „Scheck";
- die unbedingte Anweisung, eine bestimmte Geldsumme zu zahlen;
- den Namen dessen, der zahlen soll (man spricht vom „Bezogenen");

— die Angabe des Zahlungsortes;
— die Angabe des Tages und des Ortes der Ausstellung;
— die Unterschrift des Ausstellers.

bb) Zahlungsempfänger

Der Scheck kann zahlbar gestellt werden

— an eine bestimmte Person, mit oder ohne den ausdrücklichen Vermerk „an Order";
— an eine bestimmte Person mit dem Vermerk „nicht an Order";
— mit einem gleichbedeutenden Vermerk „an den Inhaber".

Ist im Scheck eine bestimmte Person mit dem Zusatz „oder Überbringer" oder mit einem gleichbedeutenden Vermerk als Zahlungsempfänger bezeichnet, so gilt der Scheck als auf den Inhaber ausgestellt. Ein Scheck ohne Angabe des Schecknehmers gilt als zahlbar an den Inhaber.

Die gängigen Scheckformulare entsprechen dem Überbringerscheck. In der Regel ist zugleich vermerkt, daß eine Streichung des Zusatzes „oder Überbringer" als nicht erfolgt gilt.

cc) Barscheck und Verrechnungsscheck

Man unterscheidet zwischen Barscheck und Verrechnungsscheck. Beim Verrechnungsscheck wird ausschließlich auf ein Konto gutgeschrieben; dadurch läßt sich feststellen, auf welches Konto ein bestimmter Scheck gutgeschrieben wurde, was die Mißbrauchsgefahr vermindert.

dd) Fälligkeit

Der Scheck ist grundsätzlich „auf Sicht", d. h. bei Vorlegung zahlbar. Jede gegenteilige Angabe gilt als nicht geschrieben (vgl. Art. 28 ScheckG). Die gängigen Scheckformulare weisen ausdrücklich auf diesen Umstand hin.

ee) Scheckkarten

Seit 1968 kennen wir zusätzlich das „Scheckkarten-System". Bei diesen **„Euroschecks"** verpflichtet sich das Kreditinstitut, Schecks bis zu 300 DM unter folgenden Voraussetzungen einzulösen:

— Unterschrift und Kontonummer müssen bei Scheck und Scheckkarte übereinstimmen;
— die Nummer der Scheckkarte muß auf der Rückseite des Schecks vermerkt werden.

b) Der Wechsel

Der Wechsel hat vor allem die Funktion eines Kreditmittels. Wer im Moment nicht liquide genug ist, gibt einen Wechsel hin, um die Frist zwischen Lieferung und Zahlung zu überbrücken; der Gläubiger wird durch die besonderen Möglichkeiten des Wechselgesetzes gesichert.

aa) Allgemeine Voraussetzungen

Allgemeine Voraussetzungen des Wechsels sind gem. Art. 1 WG (in den Vordrucken bereits berücksichtigt):

— die Bezeichnung als „Wechsel" im Text der Urkunde;
— die unbedingte Anweisung, eine bestimmte Geldsumme zu zahlen;
— den Namen dessen, der zahlen soll („Bezogener", den „gezogenen Wechsel" bezeichnet man als „Tratte");
— die Angabe der Verfallzeit (wann zu zahlen ist);
— die Angabe des Namens dessen, an den oder an dessen Order gezahlt werden soll;
— die Angabe des Tages und des Ortes der Ausstellung;
— die Unterschrift des Ausstellers.

bb) Verzichtbare Angaben

Ein Wechsel ohne Angabe der Verfallzeit gilt als **Sichtwechsel** (er ist bei Vorlegung zu zahlen).

Fehlt eine besondere Angabe, so gilt der beim Namen des Bezogenen angegebene Ort als Zahlungsort und zugleich als Wohnort des Bezogenen.

Ein Wechsel ohne Angabe des Ausstellungsortes gilt ausgestellt an dem Ort, der bei dem Namen des Ausstellers angegeben ist.

cc) Das Wechselakzept

Der Bezogene wird jedoch zur Einlösung des Wechsels erst durch einen **Annahmevermerk** (das sog. **„Akzept"**) verpflichtet. Dieses Akzept erfolgt in der Regel dadurch, daß der Bezogene auf der Vorderseite links quer seine Unterschrift setzt.

dd) Das Indossament

Ein Wechsel kann übertragen werden. Dies erfolgt durch „Indossament". Hierbei handelt es sich um einen Vermerk auf der Rückseite des Wechsels. Die übliche Formulierung lautet: „Für mich an die Order der Firma . . . Ort, Datum, Unterschrift". Durch diese Indossierung kann der jeweilige Inhaber den Wechsel schon vor dem Verfalltag verwerten.

ee) Diskontierung

Der Wechsel kann aber auch bei einer Bank eingereicht werden; dann spricht man von „Diskontierung" des Wechsels: Die Bank bezahlt den betreffenden Betrag aus, behält jedoch einen bestimmten **Zinssatz** (den sog. **„Diskont"**) ein.

ff) Wechselpräsentation und Regreß

Natürlich kann der Wechselinhaber auch bis zur Verfallzeit warten und den Wechsel dann dem Bezogenen präsentieren. Verweigert der Bezogene die Bezahlung, so kann der Inhaber Regreß nehmen bei den Personen, die auf dem Wechsel unterschrieben haben (etwa beim Aussteller oder bei denjenigen, die als frühere Inhaber in der „Indossamenten-Kette" stehen). Hier zeigt sich die relative Sicherheit eines Wechsels, die freilich um so höher ist, je mehr Unterschriften auf dem Wechsel vermerkt sind.

Für den Rückgriff des Inhabers auf seine Vorpersonen ist jedoch erforderlich, daß der Wechsel zu „Protest" gebracht wird. Beim Wechselprotest handelt es sich um ein formelles Verfahren, in welchem durch einen Notar oder Gerichtsvollzieher (bei Beträgen bis zu 1000 DM auch durch die Post) die Nichteinlösung näher vermerkt wird.

gg) Wechselprozeß

Ein weiterer Vorteil besteht darin, daß der Wechselinhaber bei einer gerichtlichen Geltendmachung der verbrieften Forderung schneller zu seinem Geld kommt als der normale Gläubiger. Im Wechselprozeß (ein Fall des **Urkundenprozesses**) kann man nämlich bestrittene Tatsachen nur durch Urkunden beweisen. Allerdings besteht in einem Nachprozeß die Möglichkeit, auch sonstige Einwendungen vorzubringen.

III. Gesetzlich besonders geregelte Handelsgeschäfte

1. Vorbemerkung

Das Handelsgesetzbuch regelt von den §§ 373 ff. an einzelne Typen der Handelsgeschäfte, und zwar

— den Handelskauf (§§ 373—382)

— das Kommissionsgeschäft (§§ 383—406)

— das Speditionsgeschäft (§§ 407—415)

— das Lagergeschäft (§§ 416—424)

— das Frachtgeschäft (§§ 425—452)

— die Beförderung von Gütern und Personen auf den Eisenbahnen des öffentlichen Verkehrs (§§ 453—460 HGB, Eisenbahnverkehrsordnung vom 8. 9. 1938).

Bei diesen genannten Vorschriften ist vor allen Dingen ihr weitgehend dispositiver Charakter zu beachten. Man muß sich also darüber im klaren sein, daß die gesetzlichen Vorschriften nur eingreifen, wenn die Parteien nichts anderweitiges geregelt haben. Diese anderweitige Regelung erfolgt nicht allein durch eine vertragliche Abweichung im Einzelfall, vielmehr greifen durchweg **„allgemeine Geschäftsbedingungen"** ein. Dabei handelt es sich nicht nur um die allgemeinen Geschäftsbedingungen einzelner Unternehmen (man denke etwa an die Einkaufs- und Verkaufsbedingungen einer Maschinenfabrik), vielmehr existieren weithin typisierte Geschäftsbedingungen für die gesamte Branche, die dann als „Ersatz-Rechtsordnung" die entsprechenden Bedingungen des HGB verdrängen (Musterbeispiel hierfür sind die „Allgemeinen Deutschen Spediteurbedingungen", die die Vorschriften über das Speditionsgeschäft weitgehend ersetzen).

Dieser Umstand muß jeweils im Einzelfall bedacht werden, er rechtfertigt es auch, daß die nachfolgenden Ausführungen relativ knapp bemessen sind.

2. Der Handelskauf

a) Weitergeltung bürgerlich-rechtlicher Vorschriften

Das Handelsrecht bringt in §§ 373 ff. HGB lediglich ergänzende Vorschriften. Zu beachten ist, daß ansonsten das Kaufrecht nach BGB (vgl. §§ 433 ff. BGB) auch bei Kaufverträgen unter Kaufleuten Anwendung findet. Auf die Ausführungen im Schuldrecht wird verwiesen.

b) Besondere Vorschriften des HGB im Fall des Verzuges

Zusätzlich zu den Verzugsvorschriften nach BGB (vgl. §§ 286, 326 BGB) gilt im Handelsrecht folgendes:

Ist der Käufer mit der Annahme der Ware im Verzug, so kann der Verkäufer die Ware auf Gefahr und Kosten des Käufers in einem öffentlichen Lagerhaus oder in sonst sicherer Weise hinterlegen. Nach Handelsrecht kann also jede Art von Waren hinterlegt werden, was nach BGB nur bei Geld, Wertpapieren, sonstigen Urkunden und Kostbarkeiten der Fall ist (§ 372 BGB).

Außerdem kann der Verkäufer die Ware öffentlich versteigern lassen, wenn der Käufer mit der Annahme im Verzug ist (man spricht vom **„Selbsthilfeverkauf"**), vgl. § 373 Abs. 2 HGB. Der Verkäufer muß diesen Schritt vorher androhen, es sei denn, es handle sich um verderbliche Waren. Hat die Ware einen Börsen- oder Marktpreis, so kann der Verkauf auch aus freier Hand durch einen hierzu ermächtigten Handelsmakler o. ä. vorgenommen werden.

War in einem Handelskauf die Leistung des einen Teils zu einer genau festgesetzten Zeit bestimmt (man spricht vom **„Fixgeschäft"**), so kann der andere Teil vom Vertrag zurücktreten, wenn die Leistung oder Lieferung nicht termingerecht erfolgt. Nach bürgerlichem Recht wäre zusätzlich eine „Nachfristsetzung" erforderlich gewesen (vgl. § 326 BGB).

c) Kaufmännische Untersuchungs- und Rügepflicht

Bei mangelhafter Lieferung sieht das Kaufrecht nach bürgerlichem Recht Gewährleistungsansprüche des Käufers vor. Gemäß §§ 459 ff. BGB hat der Käufer das Recht zur Wandelung oder Minderung und gegebenenfalls Schadenersatzansprüche. Nach Handelsrecht hat der Käufer diese Rechte nur, wenn er einer besonderen Untersuchungs- und Rügepflicht nach näheren Vorschriften der §§ 377 ff. nachkommt. Im einzelnen gilt folgendes:

Der Kauf muß für beide Teile ein Handelsgeschäft sein.

Die gelieferte Ware muß vom Käufer unverzüglich nach der Ablieferung untersucht werden. Unverzüglich heißt: „ohne schuldhaftes Zögern" (vgl. die Definition in § 121 BGB).

Die Untersuchungspflicht gilt nur, soweit dies „nach ordnungsgemäßem Geschäftsgang tunlich ist" (es müssen beispielsweise Stichproben gemacht werden).

Stellt sich ein Mangel heraus, dann muß dies dem Verkäufer unverzüglich angezeigt werden.

Unterläßt der Käufer die Anzeige, so gilt die Ware als genehmigt. Das bedeutet: Der Käufer verliert seine Gewährleistungsansprüche. Dies gilt nur dann nicht, wenn es sich um einen Mangel handelt, der bei der Untersuchung nicht erkennbar war, oder wenn der Verkäufer den Mangel arglistig verschwiegen hatte.

Sehr wichtig ist, daß gem. § 378 HGB die eben genannten Grundsätze auch dann Anwendung finden, wenn eine andere als die bedungene Ware (man spricht vom sog. **„aliud"**) oder eine andere als die bedungene Menge von Waren geliefert wird.

Wenn also statt israelischer Mandarinen italienische geliefert werden, dann hat der Käufer ebenso zu rügen, wie wenn fehlerhafte (teilweise verfaulte) israelische Mandarinen geliefert worden wären. Wenn allerdings „die gelieferte Ware offensichtlich von der Bestellung so erheblich abweicht, daß der Verkäufer die Genehmigung des Käufers als ausgeschlossen betrachten mußte", entfällt § 378 HGB. Wenn also ein sog. „erhebliches aliud" geliefert wurde, dann würde die Rügepflicht entfallen und der Käufer trotzdem seine Gewährleistungsansprüche behalten. Da nun aber strittig sein kann, ob es sich um eine erhebliche oder unerhebliche Abweichung von der Gattung handelt, empfiehlt sich für die Praxis, jedenfalls bei Zweifeln, dem Verkäufer stets eine Rügeanzeige zu schicken.

Fragen:

16. Was versteht man unter einseitigen und zweiseitigen Handelsgeschäften und warum ist die Unterscheidung wichtig?
17. Welche Unterschiede bestehen bei der Bürgschaft, je nachdem ob ein Privatmann oder ein Kaufmann sich verbürgt?
18. Inwieweit ist der gutgläubige Erwerb im Handelsrecht erweitert?
19. Inwiefern ist die Mißbrauchsgefahr bei einem Verrechnungsscheck geringer?
20. Ist es denkbar, einen Wechsel ohne Angabe der Verfallzeit auszustellen?
21. Welche zusätzlichen Pflichten hat ein Käufer im Falle des Handelskaufs?

G. Verbot unlauteren Wettbewerbs im kaufmännischen Geschäftsgebaren

Lernziele:

Nach Durcharbeiten dieses Abschnittes sollten Sie die Generalklausel des § 1 UWG sinngemäß auswendig kennen und einige Haupttatbestände unlauteren Verhaltens aufzählen können. Außerdem sollten Sie sagen können, in welchen Fällen nach der Zugabeverordnung und dem Rabattgesetz Rabatte und dergleichen zulässig sind.

I. Rechtsgrundlagen

Die freie Entfaltung der Persönlichkeit, einschließlich der freien wirtschaftlichen Betätigung ist (neben anderen Grundrechten, die in die gleiche Richtung zielen) im Grundgesetz ausdrücklich garantiert. Zum Schutz eines fairen und lauteren Wettbewerbs müssen jedoch Einschränkungen dieser Freiheit in Kauf genommen werden. Dies bezwecken u. a. die nachfolgenden Gesetze:

— Gesetz gegen den unlauteren Wettbewerb vom 7. 6. 1909 (UWG);

— das Gesetz über Preisnachlässe vom 25. 11. 1933 (Rabattgesetz);

— die Verordnung des Reichspräsidenten zum Schutz der Wirtschaft. 1. Teil: Zugabewesen vom 9. 3. 1932 (Zugabeverordnung).

Werden die in den genannten Gesetzen beschriebenen (unlauteren) Tatbestände verwirklicht, so hat ein Mitkonkurrent zwei Möglichkeiten:

1. **Unterlassungsansprüche:** Der Mitkonkurrent kann künftige Wettbewerbsverstöße gerichtlich (insbesondere durch einstweilige Verfügung) untersagen lassen.

2. **Schadenersatzansprüche:** Ist einem Mitkonkurrenten durch die wettbewerbswidrige Handlung ein Schaden entstanden, so muß der Schädiger Ersatz leisten.

Klagebefugt sind auch die Verbraucherverbände (§ 13 UWG).

II. Die Verbotstatbestände des UWG

1. Generalklausel

Das UWG kennt (neben einer Reihe von Spezialtatbeständen) in § 1 eine Generalklausel gegen den unlauteren Wettbewerb:

> *„Wer im geschäftlichen Verkehr zu Zwecken des Wettbewerbs Handlungen vornimmt, die gegen die guten Sitten verstoßen, kann auf Unterlassung und Schadenersatz in Anspruch genommen werden."*

Es muß sich also um Wettbewerbshandlungen handeln, die „gegen die guten Sitten verstoßen". Was man hierunter zu verstehen hat, wurde durch eine jahrzehntelange Rechtsprechung konkretisiert.

Als unlauterer Wettbewerb ist demnach verboten:

a) Der sogenannte „Kundenfang"

Hierzu gehören vor allem die Irreführung und Täuschung des Kunden durch unlautere Werbemaßnahmen. Das UWG hat diesen Tatbestand in § 3 gesondert erwähnt: Unlauter sind demnach irreführende Angaben über

— die geschäftlichen Verhältnisse
— die Beschaffenheit der Ware
— den Ursprung von Waren
— die Herstellungsart von Waren
— Preislisten
— die Art des Bezugs oder der Bezugsquelle
— den Besitz von Auszeichnungen
— den Anlaß oder den Zweck des Verkaufs
— die Menge der Vorräte

b) Weitere Fälle: „Anreißen"

Ebenfalls als unlauterer Wettbewerb gilt das sogenannte „Anreißen". Hierunter versteht man die Belästigung von Kunden durch aufdringliche Werbemaßnahmen. Beispiele hierfür:

— Zusendung unbestellter Waren
— unerbetene Telefonwerbung
— überfallartige Straßenwerbung
— Werbemaßnahmen unter Verletzung des Pietätsgefühls (unerbetene Hausbesuche bei Hinterbliebenen zur Erlangung von Bestattungsaufträgen)

c) Unlauter sind weiter folgende Geschäftsgebaren:

— Nötigung des Kunden
— Bestechung und psychologischer Druck gegen Kunden
— die Behinderung von Mitbewerbern durch Boykott und geschäftsschädigende Behauptungen
— das Schmarotzen an fremder Leistung, insbesondere durch die sogenannte „sklavische Nachahmung"

2. Besondere Tatbestände des UWG

a) Ausgabe von Berechtigungsscheinen

Seit 1969 wurde mit § 6 b UWG das Berechtigungsscheinwesen neu geregelt. Danach ist die Ausgabe derartiger Bescheinigungen nur noch zulässig, wenn diese lediglich zu einem Einkauf berechtigen und für jeden Einkauf einzeln ausgegeben werden.

Dem „Kaufscheinhandel“ liegt folgende Konstellation zugrunde: Hersteller oder Großhändler (Vertragslieferanten) vereinbaren mit Einzelhändlern (Kaufscheinhändler), daß letztere Berechtigungsscheine (Einkaufsausweise) an den Endverbraucher ausgeben. Damit wird es dem Verbraucher gestattet, bestimmte Konsumgüter unmittelbar vom Vertragslieferanten zu beziehen. Dieses System kann zu einer Täuschung des Verbrauchers mißbraucht werden, wenn dieser durch die Ausgabe von Berechtigungsscheinen besonders günstige Einkaufsmöglichkeiten erwartet. Mit der neuen Bestimmung des § 6 b UWG wird der Kaufscheinhandel zwar nicht grundsätzlich verboten, wegen der Beschränkung auf einen einzigen Einkauf jedoch sehr stark reduziert. Der Gesetzgeber wollte im wesentlichen nur noch das sog. „Unterkundengeschäft“ zulassen, bei dem der Einzelhändler den vom Käufer gewünschten Gegenstand gerade nicht auf Lager hat, ihn jedoch mit einem Berechtigungsschein an den Vorlieferanten verweist, damit dieser im Namen und für Rechnung des Einzelhändlers verkauft.

b) Ausverkaufswesen

Als „Ausverkauf“ sind gesetzlich nur zugelassen:

— die Aufgabe des gesamten Geschäftsbetriebs

— die Aufgabe einer Zweigniederlassung

— die Aufgabe einzelner Warengattungen

Bei der Ankündigung eines Ausverkaufs muß angegeben werden, um welchen der drei vorgenannten Fälle es sich handelt. Außerdem muß in öffentlichen Bekanntmachungen der Grund angegeben werden, welcher für den Verkauf Anlaß gegeben hat.

Außerdem sind derartige Ausverkäufe anzeigepflichtig. Dabei ist ein Verzeichnis der zu verkaufenden Ware nach ihrer Art, Beschaffenheit und Menge beizufügen.

Nach Beendigung eines Ausverkaufs besteht eine Sperrfrist: Sowohl dem Geschäftsinhaber, seinem Ehegatten und nahen Angehörigen ist es verboten, den Geschäftsbetrieb oder den Teil davon, dessen Aufgabe angekündigt war, fortzusetzen oder vor Ablauf eines Jahres an dem Ort, an dem der Ausverkauf stattgefunden hat, einen Handel mit den davon betroffenen Warengattungen zu eröffnen (vgl. § 7 c UWG).

Verboten ist des weiteren das „Vor- und Nachschieben von Waren“. Dieses liegt vor, wenn es sich bei dem Ausverkauf um Waren handelt, die nur für diese Veranstaltung herbeigeschafft wurden.

Für den **Saisonschlußverkauf** gelten besondere Vorschriften: Verordnung über Sommer- und Winterschlußverkäufe vom 13. 7. 1950 in der Fassung vom 28. 7. 1969 (Bundesanzeiger Nr. 138).

Danach finden am Ende eines Verbrauchsabschnittes zwei Mal im Jahre Saisonschlußverkäufe statt. Die Verkaufszeit beträgt 12 Werktage und beginnt jeweils am letzten Montag im Januar (Winterschlußverkauf) und am letzten Montag im Juli (Sommerschlußverkauf). Es dürfen lediglich folgende Gegenstände zum Verkauf gestellt werden: Textilien, Bekleidungsgegenstände, Schuhwaren sowie aus der Gruppe Lederwaren Damen-Handtaschen, Damen-Handschuhe, Lederblumen und Damen-Gürtel; im Winterschlußverkauf zusätzlich auch Waren aus Porzellan, Glas und Steingut. Auf die Verkäufe hinweisende öffentliche Ankündigungen müssen den Tag des Verkaufsbeginns deutlich angeben. Enthalten die Bekanntmachungen Warenangebote, so sind diese frühestens am letzten Werktage vor dem Beginn des Verkaufs und zwar in Zeitungen und Zeitschriften mit Beginn dieses Tages (also bereits in der Samstagsausgabe) im übrigen (also in den Schaufensterauslagen) erst nach Ladenschluß zulässig (vorher vorgenommene Dekorationen müßten also durch Vorhänge und dergleichen verdeckt werden).

Mit der Plakatwerbung und Verteilung von Druckschriften kann am letzten Werktage vor dem Beginn der Saisonschlußverkäufe nach 14 Uhr begonnen werden. Die vor Beginn und die während der Verkäufe gültigen Preise dürfen in öffentlichen Ankündigungen, insbesondere in Schaufenstern nicht einander gegenübergestellt werden. Derartige Gegenüberstellungen bei Preisangaben sind jedoch innerhalb der Verkaufsräume zulässig (auf den Preisschildern der Textilien ist der „Normalpreis“ durchgestrichen und durch den Ausverkaufspreis ersetzt).

c) Besondere Fälle des unlauteren Wettbewerbs

Das UWG nennt noch:

- die Bestechung von Angestellten (§ 12 UWG)
- die geschäftliche Anschwärzung und Verleumdung (§§ 14, 15 UWG)
- die Verletzung geschäftlicher Bezeichnungen (Namen, Firma, Druckschriften), vgl. § 16 UWG
- den Verrat von Geschäftsgeheimnissen durch Angestellte gemäß § 17 UWG

III. Das Zugabewesen

Die Zugabeverordnung verbietet, im geschäftlichen Verkehr neben einer Ware oder Leistung eine Zugabe anzubieten, anzukündigen oder zu gewähren.

Ausnahmsweise sind gem. § 1 Abs. 2 folgende Zugaben erlaubt:

- Reklamegegenstände von geringem Wert;
- die Zugabe besteht in einem bestimmten oder auf bestimmte Art zu berechnenden Geldbetrag (Geldrabatte). Da allerdings Geldrabatte an Endverbraucher durch das Rabattgesetz gesondert geregelt sind, kann diese Ausnahme nur im Verhältnis von Hersteller und Zwischenhändler Bedeutung erlangen;
- Mengenrabatte (auch hier greift im Fall des Rabattes an den Endverbraucher das Rabattgesetz ein);
- handelsübliches Zubehör (besondere Verpackungen; Einkaufstüten, die auch sonst Verwendung finden können);
- Kundenzeitschriften (die als solche gekennzeichnet sind);
- Erteilung von Auskünften und Ratschlägen (Kochvorführungen in Haushaltswarengeschäften).

IV. Das Rabattwesen

Das Rabattgesetz läßt Preisnachlässe nur in folgenden Fällen zu:

(1) Der Preisnachlaß für Barzahlung (Barzahlungsrabatt) darf lediglich 3 Prozent des Warenpreises betragen.

(2) Mengenrabatte dürfen nur gewährt werden, wenn diese nach Art und Umfang sowie der verkauften Stückzahl oder Menge als handelsüblich anzusehen sind.

(3) Sondernachlässe und Sonderpreise dürfen gem. § 9 Rabattgesetz gewährt werden

- an diejenigen Personen, die die Waren oder Leistungen in ihrer beruflichen oder gewerblichen Tätigkeit verwerten,
- an Personen, die auf Grund besonderer Lieferungs- oder Leistungsverträge Waren oder Leistungen in solchen Mengen abnehmen, daß sie als Großverbraucher anzusehen sind; und schließlich
- an Arbeiter, Angestellte, Leiter und Vertreter des eigenen Unternehmens, sofern die Ware oder Leistung für den Bedarf ihrer Ehegatten, ihrer Abkömmlinge oder der mit ihnen in häuslicher Gemeinschaft lebenden Personen bestimmt ist (Eigenbedarf) und in dem Unternehmen hergestellt, vertrieben und bewirkt wird.

Fragen:

22. Welche beiden Möglichkeiten haben Mitkonkurrenten bei unlauterem Wettbewerb?

23. Nennen Sie Einzelfälle des unlauteren Wettbewerbs.

Antworten zu den Fragen

1. Handelsrecht ist das „besondere Recht der Kaufleute".

2. Ja, sofern nicht gerade durch die Spezialvorschriften etwas besonderes geregelt ist. Im übrigen jedoch finden auch im kaufmännischen Geschäftsverkehr die Vorschriften des BGB Anwendung.

3. AktG, GmbHG, GenG, Wechselgesetz, Scheckgesetz, UWG, GWB.

4. Da das Handelsrecht das „besondere Recht der Kaufleute" ist, muß für den Anknüpfungspunkt des Handelsrechts der „Kaufmann" definiert werden. Alles was ein Kaufmann tut, fällt unter das Handelsrecht, soweit es nicht ausgesprochene Privatgeschäfte sind.

5. Beide müssen sich in das Handelsregister eintragen lassen, jedoch wirkt beim Sollkaufmann die Eintragung rechtsbegründend, beim Mußkaufmann lediglich deklaratorisch, weil letzterer bereits durch den Betrieb eines Grundhandelsgewerbes die Kaufmannseigenschaft erworben hat.

6. Das Handelsregister hat 2 Abteilungen (Abteilung A und B). Abteilung A betrifft vor allem die Eintragungen für Einzelkaufleute und Personengesellschaften. Abteilung B enthält Eintragungen, welche die Aktiengesellschaft und andere Kapitalgesellschaften betreffen.

7. Nein, für sie ist das Genossenschaftsregister verbindlich.

8. Wenn eine Tatsache nicht eingetragen ist (negative Publizität), kann sie einem Dritten gegenüber nicht geltend gemacht werden. Ist sie jedoch eingetragen (positive Publizität), so muß sich auch der Rechtsverkehr darauf verweisen lassen. Gutgläubige Dritte sind nur in engen Grenzen geschützt (vgl. § 15 HGB).

9. Nein, die Firma eines Einzelkaufmanns muß seinen Familiennamen und mindestens einen ausgeschriebenen Vornamen enthalten.

10. Nein, dies wäre lediglich bei der OHG der Fall. Bei der KG dagegen dürfen die Kommanditisten in der Firma nicht erscheinen.

11. Die GmbH & Co. KG ist eine Kommanditgesellschaft, bei der in der Regel die GmbH persönlich haftende Gesellschafterin ist. Demzufolge darf lediglich die GmbH in der Firma erscheinen. Diese wiederum hat eine Sachfirma mit dem Zusatz „Gesellschaft mit beschränkter Haftung" zu führen (§ 4 GmbHG).

12. Ja, sofern sie sich im Rahmen der Firmenwahrheit bewegen; vgl. § 18 Abs. 2 Satz 2.

13. Eine bisherige Firma darf mit oder ohne verdeutlichenden Zusatz fortgeführt werden, gegebenenfalls haftet der Firmenübernehmer für die Verbindlichkeiten des bisherigen Inhabers, wie er auch Dritten gegenüber als Erwerber der Forderungen gilt.

14. Nein, ein Prokurist darf Grundstücke weder veräußern noch belasten.

15. Prokura und Handlungsvollmacht sind beides gesetzlich umschriebene Vertretungsbefugnisse. Allerdings ist der Umfang der Handlungsvollmacht geringer. Ein Handlungsbevollmächtigter darf, wie auch der Prokurist, Grundstücke weder veräußern noch belasten, er darf darüber hinaus jedoch auch keine Wechselverbindlichkeiten eingehen, keine Darlehen aufnehmen und keine Prozesse führen.

16. Ob ein einseitiges oder zweiseitiges Handelsgeschäft vorliegt, hängt davon ab, ob bei einem Vertrag auf beiden Seiten ein Kaufmann steht oder nicht. Diese Unterscheidung ist deshalb wichtig, weil verschiedene Vorschriften des Handelsrechts nur dann Anwendung finden, wenn beiderseitige Handelsgeschäfte getätigt werden.

17. Die Bürgschaft eines Privatmanns bedarf der Schriftform, außerdem kann er, wenn nichts anderes vereinbart ist, die Einrede der Vorausklage erheben. Beides steht einem Bürgen gem. § 349 HGB nicht zu, wenn es sich bei ihm um einen Kaufmann handelt.

18. Nach § 366 HGB genügt es, wenn der Erwerber gutgläubig die Verfügungsbefugnis des Veräußerers annimmt. Nach BGB müßte man den Veräußerer für den Eigentümer halten.

19. Da ein Verrechnungsscheck nur auf ein Konto eingezahlt werden kann, läßt sich feststellen, wer den Scheck präsentiert hat.

20. Ja, der Wechsel gilt dann als Sichtwechsel, der bei Vorlegung zu zahlen ist.

21. Der Käufer einer mangelhaften Lieferung muß die gelieferte Ware unverzüglich untersuchen und einen etwaigen Mangel anzeigen. Unterläßt er dies, dann gilt die Ware als genehmigt, was den Verlust der Gewährleistungsrechte bedeutet.

22. Unterlassungsansprüche und gegebenenfalls Schadenersatzansprüche.

23. Kundenfang, Anreißen, Bestechung, Boykott, sklavische Nachahmung.

Lehrunterlagen
für den Handels-Fachwirt

Wirtschaftliche Grundlagen, Teil 1, 2 und 3

Rechtslehre, Teil 1 (Einführung in das Recht, BGB — Allgemeiner Teil) und Teil 2

Handelsrecht

Betriebliches Finanz- und Rechnungswesen, Teil 1 (Zahlungsverkehr, Kreditverkehr, Betriebliche Finanzierung)

Betriebliches Finanz- und Rechnungswesen, Teil 2 (Buchhaltung und Abschluß)

Betriebliches Finanz- und Rechnungswesen, Teil 3 (Kosten- und Leistungsrechnung)

Betriebliches Finanz- und Rechnungswesen, Teil 4 (Bilanz und Gewinn- und Verlustrechnung)

Betriebliches Finanz- und Rechnungswesen, Teil 5 (Steuern im Betrieb)

Grundlagen der Statistik

Betriebsorganisation

Arbeitsmethodik und Rhetorik

Betriebliches Personalwesen, Teil 1 und 2

Beschaffungs- und Lagerwesen

Absatzwirtschaft

Methoden der Unternehmensführung, Teil 1 und 2

Betriebe als Teil der Volkswirtschaft

Handelsbetriebe als Teil der Volkswirtschaft

Unternehmensführung im Handel

Beschaffung und Lagerhaltung im Handelsbetrieb

Absatzwirtschaft im Handelsbetrieb

Kosten- und Leistungsrechnung im Handel

Spezielle Rechtsfragen im Handel

GPSR Compliance
The European Union's (EU) General Product Safety Regulation (GPSR) is a set of rules that requires consumer products to be safe and our obligations to ensure this.

If you have any concerns about our products, you can contact us on

ProductSafety@springernature.com

In case Publisher is established outside the EU, the EU authorized representative is:

Springer Nature Customer Service Center GmbH
Europaplatz 3
69115 Heidelberg, Germany

www.ingramcontent.com/pod-product-compliance
Lightning Source LLC
LaVergne TN
LVHW082052051026
849532LV00011B/3565

9783409021586